ACTIVITY BOOK FOR THE PARISIAN ADVENTURES OF KIMBERLY

Cahier d'exercices pour
« Les aventures parisiennes de Kimberly »

VÉRONIQUE F. COURTOIS

The Véronique F. Courtois Intermediate French Reader Series

———— ∞ ————

**ACTIVITY BOOK FOR
THE PARISIAN ADVENTURES OF KIMBERLY**
Cahier d'exercices pour « Les aventures parisiennes de Kimberly »

Intermediate Level (B1, B2, C1)
By Véronique F. Courtois, MA, MS
The Sorbonne-Nouvelle, Paris III, France
Boston University, Massachusetts
Former Instructor, Tufts University, Massachusetts
The French Library in Boston, Massachusetts,
The Beverly Hills Lingual Institute, Beverly Hills, California,
The French Alliance of Los Angeles, California

© 2019 by Véronique F. Courtois

———— ∞ ————

****

ISBN 9780998080451

Acknowledgments

My eternal gratitude to my wonderfully supportive and loving parents, Andrée and Henri Courtois.

I am forever indebted to my amazing and very talented Creative Writing Partner and Proofreader extraordinaire, Alia, who brought her creativity, her rigorous attention to detail, and her unconditional dedication to this project.

My sincere thanks to my friends and colleagues, Valérie Bachelin Guichaoua, Violaine de Landes de Saint-Palais et Corinne Sitbon-Slosburg.

* * *

CHAPTER LIST /
LISTE DES CHAPITRES

CHAPITRE 1

A/ Répondez aux questions suivantes par des phrases complètes :

Paragraphe 1 :

1/ Quel temps fait-il à Beverly Hills ?

_____

2/ Où vont Gina, Susan et Victoria ?

_____

3/ Comment savez-vous qu'il y a beaucoup d'activité dans ce cabinet d'avocats ?

_____

4/ Quelles sont les responsabilités d'une réceptionniste ?

_____

5/ Quelles personnes vont se rassembler devant le bureau de Kimberly ?

_____

Paragraphe 2 :

1/ Que fait Kimberly quand les jeunes femmes entrent dans son bureau ?

_____

2/ Pourquoi tout le monde se met-il à chanter ?

_____

3/ Comment Kimberly réagit-elle ?

_____

4/ Quel est l'âge de Kimberly d'après le nombre de bougies sur les trois gâteaux ?

_____

5/ Quelle est la réaction de Kimberly à la fin du paragraphe ?

_____

Paragraphe 3 :

1/ Après avoir soufflé les bougies, quelle est la coutume dans beaucoup de pays ?

_____

2/ Qu'utilise-t-on pour manger pendant la fête ?

_____

3/ Quelle boisson boit-on souvent pour célébrer un évènement important ?

_____

4/ Qui est Madame Allgreen ?

_____

5/ Quel indice dans le texte nous révèle que Kimberly est une excellente avocate ?

_____

B/ Traduisez les phrases suivantes :

1/ Mark just bought a new car. 2/ This apple pie is better than this chocolate cookie. 3/ My sister is watching TV while I cook. 4/ Please hold the line. 5/ I enjoy listening to music while doing my homework.

1/_____

2/_____

3/_____

4/_____

5/_____

C/ Trouvez la définition des mots suivants : a/ être embauché b/ frapper à la porte c/ un ordinateur d/ un frigo e/ sursauter :

1/ _____ : C'est une action que vous faites quand vous êtes surpris. 2/ _____ : Vous espérez l'être quand vous passez un entretien pour un emploi. 3/ _____ : C'est un objet qui conserve les aliments ou les boissons froides. 4/ _____ : C'est une action nécessaire avant d'entrer dans un bureau. 5/ _____ : Il est indispensable pour écrire ou faire des recherches sur internet.

D/ Entourez le mot qui n'a aucun lien avec les autres :

1/ tout à coup / tout le temps / soudain / aussitôt / subitement
2/ il est nécessaire / il faut / il est obligatoire / il est inutile / il est essentiel
3/ la pomme / la mûre / la fraise / la framboise / la myrtille
4/ se détend / se décontracte / se repose / s'énerve / se délasse
5/ l'argent / la laine / l'or / le platine / le cuivre

E/ Sujet de composition : Racontez votre dernière fête d'anniversaire. (Cinq phrases complètes minimum).

CHAPITRE 2

A/ Répondez aux questions suivantes par des phrases complètes :

Paragraphe 1 :

1/ Ce cabinet d'avocats a-t-il des bureaux dans d'autres villes ? Si oui, lesquelles ?

_____

2/ Combien de personnes avaient posé leur candidature pour le poste ?

_____

3/ Pourquoi Madame Allgreen a-t-elle décidé d'engager Kimberly ?

_____

4/ Combien de temps Kimberly a-t-elle attendu pour savoir si elle était engagée ?

_____

5/ Madame Allgreen a-t-elle choisi elle-même le cadeau de Kimberly ?

_____

Paragraphe 2 :

1/ Que donne Madame Allgreen à Kimberly ?

_____

2/ Pourquoi Kimberly est-elle étonnée ?

_____

3/ Que font les autres personnes qui sont dans le bureau à ce moment-là ?

_____

4/ À part Kimberly, qui est la personne la plus impatiente ?

_____

5/ Kimberly s'attendait-elle à recevoir un cadeau ?

_____

Paragraphe 3 :

1/ Pourquoi les collègues de Kimberly sont-ils soudain si inquiets ?

_____

2/ Kimberly a-t-elle déjà visité Paris ?

_____

3/ Pourquoi Madame Allgreen félicite-t-elle Susan, Gina et Victoria ?

_____

4/ Pourquoi Gina est-elle allée à Paris quand elle était jeune ?

_____

5/ Quelle expression indique que l'on sert beaucoup de champagne ?

_____

B/ Traduisez les phrases suivantes :

1/ I took a computer class over the summer. 2/ Sharon needs to prepare for her job interview tomorrow. 3/ The dentist is late. He's making us wait. 4/ She gets up every morning at 7am. 5/ They deserve to succeed.

1/_____

2/_____

3/_____

4/_____

5/_____

C/ Trouvez la définition des mots suivants : a/ être ému b/ se lever c/ hors norme d/ une enquête, e/ se taire :

1/ _____ : Une situation qui est extraordinaire. 2/ _____ : C'est le travail d'un détective. 3/ _____ : On le fait après s'être réveillé. 4/ _____ : L'action d'une personne qui ne parle pas. 5/ _____ : Vous ressentez ce sentiment quand vous regardez un film triste.

D/ Entourez le mot qui n'a aucun lien avec les autres :

1/ le sourire / le mouchoir / la larme / la tristesse / le chagrin
2/ l'avocat / le juge / le témoin / le chirurgien / l'enquête
3/ découvrir / trouver / élucider / dénicher / cacher
4/ heureux / rassuré / inquiet / content / satisfait
5/ raconter / parler / discuter / se taire / annoncer

E/ Sujet de composition : Quel est le plus beau cadeau que l'on vous a offert pour votre anniversaire ou pour une autre occasion ? (Cinq phrases complètes minimum).

_____

_____

_____

_____

_____

_____

_____

_____

_____

_____

_____

_____

_____

_____

_____

_____

CHAPITRE 3

A/ Répondez aux questions suivantes par des phrases complètes :

Paragraphe 1 :

1/ Que font certains collègues de Kimberly pendant la fête ?

_____

2/ Comment Kimberly manifeste-t-elle sa joie ?

_____

3/ Quels renseignements les collègues de Kimberly recherchent-ils pour elle ?

_____

4/ Comment le travail de Kimberly a-t-il contribué au succès du cabinet ?

_____

5/ De quel avantage Kimberly va-t-elle bénéficier une fois revenue de son voyage ?

_____

Paragraphe 2 :

1/ Offre-t-on seulement un billet d'avion pour Paris à Kimberly ?

_____

2/ Qui voudrait bien profiter de ce beau cadeau si Kimberly n'en veut pas ?

_____

3/ Kimberly apprécie-t-elle son cadeau ?

_____

4/ Pourquoi Kimberly mérite-t-elle cette attention de la part de ses employeurs ?

_____

5/ Que doivent penser les parents de Kimberly de son succès professionnel ?

_____

Paragraphe 3 :

1/ Comment Kimberly avait-elle entendu parler de ce poste d'avocat ?

_____

2/ Comment Kimberly a-t-elle financé ses études ?

_____

3/ Quels emplois Kimberly a-t-elle eus pendant qu'elle était étudiante ?

_____

4/ Qui a inspiré Kimberly à devenir avocate ?

_____

5/ Quel était le rêve favori de Kimberly quand elle était petite ?

_____

B/ Traduisez les phrases suivantes :

1/ She's going to apply for a job in London. 2/ She bought a cheap flight online for her winter vacation. 3/ He's been collecting old cars for twenty years. 4/ My sister is a resourceful and energetic woman. 5/ Mark's daughter attends high school in Spain.

1/_____

2/_____

3/_____

4/_____

5/_____

C/ Trouvez la définition des mots suivants : a/ poser sa candidature b/ coupable c/ un procès d/ remercier quelqu'un e/ une bourse scolaire :

1/ _____ : Un juge préside cette action de justice. 2/ _____ : Une somme d'argent qui permet de financer des études. 3/ _____ : Vous le faites quand vous voulez montrer votre gratitude. 4/ _____ : Une personne qui n'est pas innocente. 5/ ___ : Vous le faites quand vous cherchez un emploi.

D/ Trouvez deux synonymes pour les mots suivants :

1/ heureuse : _____

2/ brillante : _____

3/ une baguette : _____

4/ rude : _____

5/ ancien : _____

E/ Sujet de composition : Écrivez un dialogue entre vous et un tuteur de mathématiques que vous voulez engager. (Cinq phrases complètes minimum).

_____

_____

_____

_____

_____

_____

_____

_____

_____

_____

_____

_____

_____

_____

_____

CHAPITRE 4

A/ Répondez aux questions suivantes par des phrases complètes :

Paragraphe 1 :

1/ Kimberly était-elle une étudiante sérieuse ? Comment le savez-vous ?

_____

2/ Pourquoi Kimberly ne voulait-elle pas sortir avec ses amis le weekend ?

_____

3/ Quel conseil Madame Allgreen donne-t-elle à Kimberly ?

_____

4/ Où est garée la voiture de Kimberly ?

_____

5/ Pourquoi Kimberly a-t-elle choisi d'habiter à Santa Monica ?

_____

Paragraphe 2 :

1/ Kimberly change-t-elle souvent d'itinéraire pour aller à son bureau ?

_____

2/ Que pensent ses amis du fait qu'elle conduise longtemps pour aller travailler ?

_____

3/ Que fait Kimberly quand il y a des embouteillages sur les routes ?

_____

4/ Quelle phrase prouve que Kimberly est heureuse d'aller à Paris ?

_____

5/ Donnez deux exemples de contes de fée.

_____

Paragraphe 3 :

1/ Quel était le rêve de Kimberly pendant qu'elle étudiait le français ?

_____

2/ Pourquoi Kimberly aimait-elle beaucoup sa prof de français ?

_____

3/ Pour quelle raison Kimberly a-t-elle décidé d'acheter une nouvelle valise ?

_____

4/ Que fait Kimberly pour choisir les vêtements qu'elle va emporter avec elle ?

_____

5/ Que pense Kimberly des Françaises ?

_____

B/ Traduisez les phrases suivantes :

1/ They bought a brand-new washing-machine. 2/ I can't stand cigarette smoke. It makes me cough. 3/ She received a raise which was totally unexpected. 4/ My dream of studying fashion in Paris finally came true. 5/ Her former roommate managed to rent an apartment near the Champs-Élysées.

1/_____.
2/_____.
3/_____.
4/_____.
5/_____.

C/ Trouvez la définition des mots suivants : a/ se garer b/ un conte de fée c/ les valises d/ les autoroutes e/ des placards :

1/ _____ : On a l'habitude de les faire avant de voyager. 2/ _____ : C'est une histoire parfois cruelle racontée aux enfants. 3/ _____ : Vous y rangez des vêtements ou des chaussures. 4/ _____ : C'est difficile de le faire avec une grosse voiture quand vous êtes en centre-ville. 5/ _____ : On y conduit plus vite que sur les routes nationales mais il faut payer pour y rouler.

D/ Entourez le mot qui n'a aucun lien avec les autres :

1/ ravie / contente / contrariée / enchantée/ comblée
2/ jeter / se débarrasser / acheter / gaspiller / liquider
3/ le conte de fée / le roman / le poème / le concert / la bande dessinée
4/ le bonheur / la joie / la tristesse / l'amusement / l'allégresse
5/ le coffre / la fourchette / la boîte / la malle / la valise

E/ Sujet de composition : Quels conseils donneriez-vous à un ami qui doit passer un entretien pour un emploi ? (Cinq phrases complètes minimum).

_____

_____

_____

_____

_____

_____

_____

_____

_____

_____

_____

_____

_____

_____

_____

_____

CHAPITRE 5

A/ Répondez aux questions suivantes par des phrases complètes :

Paragraphe 1 :

1/ Pourquoi Kimberly ne veut-elle pas emporter une paire de ses chaussures ?

_____

2/ Où Kimberly veut-elle faire les magasins quand elle sera à Paris ?

_____

3/ Quel argent Kimberly utilisera-t-elle se refaire une garde-robe ?

_____

4/ Qu'est-ce qui interrompt Kimberly pendant qu'elle fait sa valise ?

_____

5/ Pourquoi son amie Julie va-t-elle être très surprise ?

_____

Paragraphe 2 :

1/ Quel rendez-vous important Kimberly a-t-elle oublié ?

_____

2/ Pourquoi Julie demande-t-elle à Kimberly de se dépêcher ?

_____

3/ Julie a-t-elle deviné la nouvelle que Kimberly va lui annoncer ?

_____

4/ Kimberly révèle-t-elle la raison de son voyage à son amie ?

_____

5/ Comment savez-vous que Julie est impatiente d'avoir des détails sur ce voyage ?

_____

Paragraphe 3 :

1/ Pourquoi Kimberly ne prend-elle pas les appels de Julie ?

_____

2/ Que fait Kimberly pour se préparer avant de sortir ?

_____

3/ Dans quel quartier se situe le restaurant où se retrouvent Kimberly et Julie ?

_____

4/ Dans quel type de restaurant ont-elle rendez-vous ?

_____

5/ Qu'est-ce que Julie a déjà commandé en attendant Kimberly ?

_____

B/ Traduisez les phrases suivantes :

1/ I forgot to lock the door. 2/ Sabrina is so happy because she's in love. 3/ Her wardrobe is ugly. She'll buy new clothes in Milan. 4/ Paul's cell phone is ringing, while Kelly's phone is vibrating. 5/ The teacher is stuck in a traffic jam and won't arrive on time.

1/_____

2/_____

3/_____

4/_____

5/_____

C/ Trouvez la définition des mots suivants : a/ raccrocher b/ l'entrée c/ être enceinte d/ verrouiller e/ le rouge à lèvres.

1/ _____ : C'est l'état dans lequel se trouve une femme pendant neuf mois. 2/ _____ : Vous le faites quand vous avez terminé une conversation téléphonique. 3/ _____ : C'est l'action de fermer une porte à clé. 4/ _____ : Il accentue beaucoup la couleur de la bouche. 5/ _____ : C'est le premier plat que vous commandez sur un menu.

D/ Entourez le mot qui n'a aucun lien avec les autres :

1/ tout à l'heure / plus tard / auparavant / bientôt / sans tarder
2/ le rouge à lèvres / le maquillage / le peigne / le mascara / le fond de teint
3/ prendre / laisser tomber / saisir / attraper / tenir
4/ la circulation / l'embouteillage / l'autoroute / l'avion / le rond-point
5/ ringard / vieux / à la mode / dépassé / démodé

E/ Sujet de composition : Faites un portrait de votre meilleur(e) amie(e). (Cinq phrases complètes minimum).

CHAPITRE 6

A/ Répondez aux questions suivantes par des phrases complètes :

Paragraphe 1 :

1/ Avec quels légumes les entrées que Julie a commandées sont-elles préparées ?

_____

2/ Kimberly commande-t-elle aussi quelque chose à manger ?

_____

3/ Qu'est-ce que le serveur vient leur demander ?

_____

4/ Que veulent boire les deux jeunes femmes au début du repas ?

_____

5/ Vont-elles devoir attendre longtemps pour être servies ?

_____

Paragraphe 2 :

1/ Julie est-elle surprise quand Kimberly lui révèle le cadeau qu'elle a reçu ?

_____

2/ Que nous apprend Julie sur les habitudes de travail de Kimberly ?

_____

3/ Depuis combien de temps Kimberly travaille-t-elle pour ce cabinet d'avocats ?

_____

4/ Pourquoi ce cabinet d'avocats a-t-il eu raison d'engager Kimberly ?

_____

5/ Que leur apporte le serveur ?

_____

Paragraphe 3 :

1/ Pourquoi le serveur leur dit-il de ne pas toucher à leurs assiettes ?

_____

2/ Quelle proposition Julie fait-elle à son amie ?

_____

3/ Qu'est-ce qui pourrait empêcher Julie de partir à Paris avec Kimberly ?

_____

4/ Julie a-t-elle vraiment une vieille tante malade en France ?

_____

5/ Depuis quand les deux amies se connaissent-elles ?

_____

B/ Traduisez les phrases suivantes :

1/ I don't think she's sick, because I saw her at the party last night. 2/ I'm so sorry, but the director is not available right now. 3/ Martine buys vegetables every day. 4/ He's been scared of snakes and spiders since childhood. 5/ My aunt just won the lottery.

1/_____

2/_____

3/_____

4/ _____

5/_____

C/ Trouvez la définition des mots suivants : a/ une copine b/ partager c/ une récompense d/ une maternelle e/ l'eau pétillante :

1/ _____ : C'est une boisson non-alcoolisée avec des bulles. 2/ _____ : Vous en recevez une quand vous avez très bien travaillé. 3/ _____ : C'est une école pour les petits enfants. 4/ _____ : C'est une personne avec qui vous allez au cinéma ou à une fête. 5/ _____ : Ce que font des personnes qui mangent le même plat.

D/ Trouvez deux synonymes pour les mots suivants :

1/ un restaurant :_____

2/ un boulot :_____

3/ une récompense :_____

4/ un voyage :_____

5/ un complice :_____

E/ Sujet de composition : Donnez des exemples qui illustrent l'expression « avoir du bol ». (Cinq phrases complètes minimum).

_____

_____

_____

_____

_____

_____

_____

_____

_____

_____

_____

_____

_____

_____

CHAPITRE 7

A/ Répondez aux questions suivantes par des phrases complètes :

Paragraphe 1 :

1/ Kimberly veut-elle découvrir Paris avec son amie Julie ?

_____

2/ Quel légume y-a-t-il dans les lasagnes que leur apporte le serveur ?

_____

3/ De quoi est composé la salade ?

_____

4/ Est-ce qu'elles boivent du vin pendant le dîner ?

_____

5/ Donnez d'autres exemples de situations où l'on utilise « Ça s'arrose » ?

_____

Paragraphe 2 :

1/ Quel conseil Julie donne-t-elle à Kimberly quand elle sera à Paris ?

_____

2/ Donnez le nom de trois grands magasins parisiens célèbres.

_____

3/ Pourquoi Kimberly veut-elle s'asseoir à une terrasse de café ?

_____

4/ Quels autres articles peut-on acheter dans les boutiques des grands couturiers ?

_____

5/ Qu'est-ce que certaines actrices de Hollywood ont en commun ?

_____

Paragraphe 3 :

1/ Kimberly prend-elle un taxi pour aller à l'aéroport ?

_____

2/ Qu'est-ce que Julie veut que son amie lui raconte pendant son voyage ?

_____

3/ Comment est habillé le chauffeur de la limousine ?

_____

4/ Que fait le chauffeur pour aider Kimberly ?

_____

5/ Que contient le petit frigo dans la limousine ?

_____

B/ Traduisez les phrases suivantes :

1/ Mark just sent a message to his mother. 2/ I want to go back to the beach.
3/ This model of car has only two doors. 4/ This Italian dish is very appetizing.
5/ Two new department stores opened downtown last year.

1/_____

2/_____

3/_____

4/_____

5/_____

C/ Trouvez deux mots qui font partie de la même catégorie :

1/ une limousine : _____

2/ une valise : _____

3/ un immeuble : _____

4/ une betterave : _____

5/ flâner : _____

D/ Entourez la bonne réponse :

1/ Regarde cette belle pizza. Elle est vraiment _____ .
a/ intéressante   b/ trop petite   c/ brûlée   d/ appétissante.

2/ Nous allons préparer une salade pour le déjeuner avec des _____ .
a/ crayons   b/ boissons   c/ betteraves   d/ bonbons

3/ Sophie va avoir 18 ans. Je vais lui _____ « Bon anniversaire. »
a/ offrir   b/ souhaiter   c/ apporter   d/ rater

4/ Il pleut beaucoup. Il n'y a aucun _____ dans la rue.
a/ passant   b/ parasol   c/ vol   d/ frigo

5/ Marie revient de son voyage en Inde. Elle va nous raconter ses _____ .
a/ cadeaux   b/ péripéties   c/ immeubles   d/ réservations

E/ Sujet de composition : Dans quels grands magasins faites-vous du shopping ? Qu'est-ce que vous y achetez ? (Cinq phrases complètes minimum).

_____

_____

_____

_____

_____

_____

_____

_____

_____

_____

_____

CHAPITRE 8

A/ Répondez aux questions suivantes par des phrases complètes :

Paragraphe 1 :

1/ Quelle boisson Kimberly souhaite-t-elle boire ?

_____

2/ Comment prépare-t-elle cette boisson ?

_____

3/ Qu'est-ce que Kimberly peut choisir à manger ?

_____

4/ Donnez trois exemples de pâtisseries françaises.

_____

5/ Quel accessoire permet à Kimberly d'écouter de la musique tranquillement ?

_____

Paragraphe 2 :

1/ Les copines de Kimberly pensaient-elle que le français était utile ?

_____

2/ Pourquoi apprendre l'espagnol est recommandé en Californie ?

_____

3/ Kimberly avait-elle suivi le conseil de ses professeurs ?

_____

4/ Où peut-on trouver beaucoup de centres commerciaux à Los Angeles ?

_____

5/ Pour quels produits les panneaux publicitaires font-ils souvent de la publicité ?

_____

Paragraphe 3 :

1/ Que va chercher le chauffeur pour transporter les bagages de Kimberly ?

_____

2/ Donnez trois exemples d'employés à qui on donne des pourboires.

_____

3/ Citez trois compagnies aériennes européennes.

_____

4/ Quelles sont les différentes classes de service dans les avions ?

_____

5/ Quelles sont les responsabilités d'un agent d'escale à l'aéroport ?

_____

B/ Traduisez les phrases suivantes :

1/ I need to buy new earbuds. 2/ It's still too early to leave for the concert. 3/ I don't recommend these two airlines for your trip. 4/ There are beautiful landscapes in the South of France. 5/ Barbara is going to miss Paris.

1/ _____

2/ _____

3/ _____

4/ _____

5/ _____

C/ Reconstituez les mots suivants :

1/ Le barman y pose les boissons dans un bar : PRCOMOTI : _____

2/ Des petits fruits rouges pour la confiture : SMRILYETL : _____

3/ Il est utile pour transporter du matériel : TACOHIR : _____

4/ Le contraire de cacher ou de dissimuler : LIVDERÉO : _____

5/ Vous les écoutez à la radio : HOSNANCS : _____

D/ Entourez la bonne réponse :

1/ Nous entrons dans un restaurant et le serveur _____ de nous accueillir.
a/ se couche   b/ se regarde   c/ s'empresse   d/ se lève

2/ Il y a trop de bruit. Répète, s'il te plaît. Je n'_____ pas ce que tu me dis.
a/ entends   b/ amène   c/ arrive   d/ écoute

3/ Il faut _____ fort sur le bouton pour faire fonctionner la machine à laver.
a/ offrir   b/ souhaiter   c/ raccrocher   d/ appuyer

4/ Marc ne répond jamais au téléphone. Cela ne _____ de l'appeler plusieurs fois.
a/ vaut rien   b/ sert à rien   c/ pense à rien   d/ ressemble à rien

5/ Marie adore faire des tartes aux fruits rouges, surtout celles avec des _____ .
a/ fraises   b/ aubergines   c/ lardons   d/ pommes de terre

E/ Sujet de composition : Si vous pouviez voyager dans le monde entier, quelle serait votre destination favorite ? (Cinq phrases complètes minimum).

_____

_____

_____

_____

_____

_____

_____

_____

_____

_____

_____

CHAPITRE 9

A/ Répondez aux questions suivantes par des phrases complètes :

Paragraphe 1 :

1/ Que doit vérifier l'agent avant d'enregistrer les bagages de Kimberly ?

_____

2/ De quels documents a-t-on besoin pour monter dans un avion ?

_____

3/ Où l'agent accompagne-t-il Kimberly après son enregistrement ?

_____

4/ Comment réagissent les gens dans le salon quand Kimberly ôte sa veste ?

_____

5/ Pour quelle raison Kimberly veut-elle être élégante pour voyager en avion ?

_____

Paragraphe 2 :

1/ Quelle belle fleur un membre de l'équipage offre-t-il à Kimberly ?

_____

2/ Pourquoi Kimberly est-elle surprise quand le steward lui montre son siège ?

_____

3/ Où les passagers peuvent-ils ranger leurs affaires dans un avion ?

_____

4/ Quelles personnes composent l'équipage d'un avion ?

_____

5/ À quel moment le steward va-t-il revenir s'occuper de Kimberly ?

_____

Paragraphe 3 :

1/ Quelle boisson le steward propose-t-il à Kimberly ?

_____

2/ Quelle phrase illustre la joie de Kimberly de voyager en première classe ?

_____

3/ Qu'est-ce que Kimberly a sa disposition pour voyager agréablement ?

_____

4/ Où Kimberly a-t-elle déjà remarqué la femme rousse ?

_____

5/ Quelle est l'attitude de la femme rousse au début du vol ?

_____

B/ Traduisez les phrases suivantes :

1/ Please, give me a blanket and a pillow. 2/ I can't get on the plane because I lost my boarding pass. 3/ Is there an elevator in this building? 4/ It's too hot in this office. I have to take off my sweater. 5/ Sophie feels like a true Parisian.

1/ _____

2/ _____

3/ _____

4/ _____

5/ _____

C/ Trouvez deux mots qui font partie de la même catégorie :

1/ un avion : _____

2/ un siège : _____

3/ un sac à main : _____

4/ une brosse à dents : _____

5/ une couverture : _____

D/ Entourez la bonne réponse :

1/ On porte un _____ quand on sort de la douche ou d'un bain.
a/ imperméable   b/ blouson   c/ peignoir   d/ gilet

2/ Dans ma valise, je range _____ dans ma trousse de toilette.
a/ une armoire   b/ un tiroir   c/ un verre   d/ un peigne

3/ J'ai froid. Donne-moi _____, s'il te plaît.
a/ une couverture   b/ un oreiller   c/ une glace   d/ un apéritif

4/ Le policier _____ l'attitude suspecte du passager.
a/ donne   b/ perd   c/ remarque   d/ aide

5/ Pour le vol AF7693, vous pouvez encore _____ vos bagages.
a/ perdre   b/ enregistrer   c/ soulever   d/ décoller

E/ Sujet de composition : Quand vous partez en vacances, qu'emportez-vous dans votre valise ? (Cinq phrases complètes minimum).

_____

_____

_____

_____

_____

_____

_____

_____

_____

_____

_____

_____

CHAPITRE 10

A/ Répondez aux questions suivantes par des phrases complètes :

Paragraphe 1 :

1/ Qui est l'homme aux cheveux mi-longs ?

_____

2/ Selon vous, pourquoi cet homme porte-t-il des lunettes noires ?

_____

3/ Pourquoi la jeune femme assise à côté du rocker lui tape le bras ?

_____

4/ Comment réagit Kimberly quand elle remarque que l'homme la regarde ?

_____

5/ À votre avis, quel âge a l'homme élégant qui est assis juste devant elle ?

_____

Paragraphe 2 :

1/ Quel endroit le steward suggère-t-il à Kimberly de visiter ?

_____

2/ Que décide de faire Kimberly avant de monter à l'étage ?

_____

3/ Pourquoi Kimberly est-elle contente après avoir vu le premier film en français ?

_____

4/ Donnez deux exemples de situations qui peuvent vous faire bailler.

_____

5/ Quelle est la première impression de Kimberly quand elle monte au salon ?

_____

Paragraphe 3 :

1/ Qui est le seul passager dans le salon ?

_____

2/ Kimberly sait-elle ce qu'elle va commander comme boisson ?

_____

3/ De quel pays vient le cocktail que lui recommande le barman ?

_____

4/ Quels sont les ingrédients du Pisco Sour ?

_____

5/ Que dit le barman pour convaincre Kimberly d'essayer ce cocktail exotique ?

_____

B/ Traduisez les phrases suivantes :

1/ Let me try this chocolate ice cream. 2/ It's a good idea to stretch every two hours when driving. 3/ To prepare this drink, you can add orange juice. 4/ Melinda made a mistake, and she is embarrassed. 5/ Mark just spotted a large table.

1/ _____

2/ _____

3/ _____

4/ _____

5/ _____

C/ Reconstituez les mots suivants :

1/ On en met quelques-unes dans des cocktails : SOTGUET : _____

2/ Se dit de quelque chose quand on doit le faire : ERIOGOATLBI : _____

3/ Elle est sur la table avec le couteau et la fourchette : LUÈCIRLE : _____

4/ Son jus est acide et fruité : NIRTOC : _____

5/ On le dit d'une chemise lavée trop souvent : ÉCOREDLOÉ : _____

D/ Entourez la bonne réponse :

1/ Les gens sont très gentils ici. Ils sont vraiment _____ .
a/ ennuyeux   b/ accueillants   c/ poussiéreux   d/ méchants

2/ On aime s'asseoir sur un _____ pour regarder un film confortablement.
a/ tabouret   b/ banc   c/ strapontin   d/ fauteuil

3/ Si vous _____ ces deux jus de fruits, vous obtenez une boisson excellente.
a/ regardez   b/ brûlez   c/ mélangez   d/ ramassez

4/ Marcel n'est plus dans la salle d'embarquement. Il est déjà monté _____ .
a/ à bord   b/ à côté   c/ à travers   d/ à l'abordage.

5/ Génial ! Nous avons des places excellentes _____ pour le concert.
a/ au fond   b/ sur le côté   c/ au milieu   d/ au premier rang

E/ Sujet de composition : Faites un résumé du dernier film que vous ayez vu. (Cinq phrases complètes minimum).

_____

_____

_____

_____

_____

_____

_____

_____

_____

_____

_____

_____

CHAPITRE 11

A/ Répondez aux questions suivantes par des phrases complètes :

Paragraphe 1 :

1/ Kimberly va-t-elle boire son cocktail au bar ?

_____

2/ Que pense Kimberly du bel inconnu ? Comment le trouve-t-elle ?

_____

3/ Qu'utilise un serveur pour apporter des plats à des clients ?

_____

4/ Que va pouvoir déguster Kimberly avec son cocktail ?

_____

5/ Que mangez-vous quand vous avez envie de grignoter ?

_____

Paragraphe 2 :

1/ Pourquoi Kimberly a-t-elle failli s'étrangler avec son cocktail ?

_____

2/ Est-ce que l'inconnu boit un cocktail différent ?

_____

3/ Pourquoi Kimberly est-elle si nerveuse quand elle parle à l'inconnu ?

_____

4/ Kimberly trouve-t-elle une réponse originale à la question de l'inconnu ?

_____

5/ À quelle époque le Pisco Sour a-t-il été inventé ?

_____

31

Paragraphe 3 :

1/ Quel pays Kimberly aimerait-elle visiter un jour ?

_____

2/ Quelle profession l'inconnu pourrait-il exercer selon Kimberly ?

_____

3/ L'inconnu a-t-il l'air de s'intéresser à Kimberly ? Comment le savez-vous ?

_____

4/ Pourquoi la Silicon Valley est-elle célèbre ?

_____

5/ Qu'est-ce que l'homme laisse tomber ?

_____

B/ Traduisez les phrases suivantes :

1/ I wonder who is going to study with us tonight. 2/ We look forward to meeting our new French teacher. 3/ Please put the white plates on the red tray. 4/ Caroline just gave me a wonderful idea. 5/ Nadia blushes all the time because she's very shy.

1/ _____

2/ _____

3/ _____

4/ _____

5/ _____

C/ Trouvez deux mots qui font partie de la même catégorie :

1/ une année : _____

2/ un biscuit : _____

3/ un hublot : _____

4/ un festin : _____

5/ un tabouret : _____

D/ Entourez la bonne réponse :

1/ La jeune fille voudrait parler à cet acteur connu, mais elle (n'/ne)_____.
a/ raccroche pas   b/ ose pas   c/ entend pas   d/ comprend pas

2/ Jacqueline veut choisir un _____ où elle va pouvoir beaucoup voyager.
A/ hôtel   b/ avocat   c/ salon   d/ métier

3/ Vous êtes très _____ de me laisser conduire votre voiture.
a/ désagréable   b/ gêné   c/ aimable   d/ délicat

4/ Je n'ai pas vraiment faim, mais j'aimerais bien _____ quelque chose.
a/ grignoter   b/ réviser   c/ acheter   d/ dévorer

5/ Cédric _____ partir en Inde mais il n'a pas pu parce qu'il est tombé malade.
a/ a refusé   b/ a réfléchi   c/ a eu peur   d/ a failli

E/ Sujet de composition : Quelles sont vos boissons préférées ? (Cinq phrases complètes minimum).

_____

_____

_____

_____

_____

_____

_____

_____

_____

_____

_____

_____

_____

CHAPITRE 12

<u>A/ Répondez aux questions suivantes par des phrases complètes :</u>

<u>Paragraphe 1 :</u>

1/ Que doit faire Kimberly pour arriver à lire le titre du livre de l'inconnu ?

_____

2/ Quel incident est causé par la maladresse de l'inconnu ?

_____

3/ Quelles sont les taches les plus difficiles à nettoyer sur les vêtements ?

_____

4/ Comment réagissent Kimberly et l'inconnu quand les cocktails se renversent ?

_____

5/ Pourquoi Kimberly aimerait-elle être comme Angelina Jolie ou Meryl Streep ?

_____

<u>Paragraphe 2 :</u>

1/ Que pense Kimberly de l'eau de toilette que porte l'inconnu ?

_____

2/ Quels autres articles peut-on acheter dans une boutique hors taxes ?

_____

3/ Pourquoi Kimberly doit-elle vite se rasseoir ?

_____

4/ Pourquoi Kimberly a-t-elle la tête qui tourne ?

_____

5/ Qu'est-ce qui est taché par le cocktail renversé ?

_____

Paragraphe 3 :

1/ Où Kimberly et l'inconnu vont-ils se réfugier ?

_____

2/ À votre avis, pourquoi le barman est-il un employé attentionné ?

_____

3/ Que leur apporte le barman ?

_____

4/ Pourquoi Théo s'excuse-t-il auprès de Kimberly ?

_____

5/ Quels indices peuvent suggérer à Théo que Kimberly va à Paris pour affaires ?

_____

B/ Traduisez les phrases suivantes :

1/ She remembers her childhood well. 2/ She makes an effort to be nice to her mother-in-law. 3/ If Serena doesn't hurry, she's going to be late for class. 4/ I need a salesperson who can help me. 5/ The mother picks up her daughter's toys.

1/_____

2/_____

3/_____

4/_____

5/_____

C/ Reconstituez les mots suivants :

1/ Cela peut être une orange ou un citron : MARUGE : _____

2/ L'effet d'un parfum parfois trop fort : NATRNIVE : _____

3/ Une personne qui renverse ou casse des objets : DATARIMOLE : _____

4/ Formule de politesse : CENAHÉTN(E) : _____

5/ Elle vous aide quand vous achetez quelque chose : DENVESUE _____

D/ Entourez la bonne réponse :

1/ La vieille dame vient de tomber et le jeune homme _____ pour l'aider.
a/ se réveille   b/ se précipite   c/ se rappelle   d/ s' installe

2/ Mes amis Yussef et Sophie _____ dans un cabinet d'avocats.
a/ jouent   b/ se reposent   c/ se blottissent   d/ exercent

3/ Sa cousine s'appelle Véronique et son _____, c'est Véro.
a/ diminutif   b/ nom de famille c/ âge   d/ prénom

4/ Cet homme est désagréable et impatient parce qu'il _____ tout le monde.
a/ rassure   b/ sert   c/ attend   d/ bouscule

5/ Bonjour madame, _____ - moi de vous conduire à votre table sur la terrasse.
a/ rappelez   b/ écoutez   c/ permettez   d/ donnez

E/ Sujet de composition : Décrivez un incident que vous, ou quelqu'un que vous connaissez, a provoqué par maladresse. (Cinq phrases complètes minimum).

_____

_____

_____

_____

_____

_____

_____

_____

_____

_____

_____

CHAPITRE 13

A/ Répondez aux questions suivantes par des phrases complètes :

Paragraphe 1 :

1/ De quelle couleur sont vos yeux et vos cheveux ?

_____

2/ Que pense Kimberly du style vestimentaire de Théo ?

_____

3/ Qui est la personne qui interrompt la conversation entre Théo et Kimberly ?

_____

4/ Trouvez trois adjectifs qui décrivent la personnalité de la femme rousse.

_____

5/ Quels aliments vous forcent à vous rafraîchir l'haleine ?

_____

Paragraphe 2 :

1/ Dans quelles circonstances la femme rousse pense-t-elle avoir reconnu Théo ?

_____

2/ Que fait la femme rousse pour réussir à s'asseoir à côté de Théo ?

_____

3/ À votre avis, Théo est-il content d'avoir la femme rousse près de lui ?

_____

4/ Que veut savoir Kimberly en restant assise près de Théo et de la femme rousse ?

_____

5/ Trouvez différentes significations du mot « maîtresse ».

_____

Paragraphe 3 :

1/ Qu'est-ce que Théo demande discrètement à Kimberly ?

_____

2/ Quel argument Théo utilise-t-il pour se débarrasser de la femme rousse ?

_____

3/ Pourquoi le comportement de la femme rousse est-il très désagréable ?

_____

4/ Qui vient porter secours à Théo ?

_____

5/ La stratégie du sauveteur de Théo réussit-elle ?

_____

B/ Traduisez les phrases suivantes :

1/ Manon is very tanned because she just came back from vacation. 2/ My mother was relieved that she didn't have to travel late. 3/ The walls of this apartment are so thin that I can hear our neighbors. 4/ Her brother is really bold. He loves mountain climbing. 5/ Sylvie can't remove the key from the lock.

1/ _____

2/ _____

3/ _____

4/ _____

5/ _____

C/ Trouvez la définition des mots suivants : a/ un vaporisateur b/ des admiratrices c/ mal à l'aise d/ la peau e/ d'un air complice :

1/ ___ : Elle recouvre le corps humain et peut bronzer. 2/ ___ : Un petit flacon qui est utilisé pour se parfumer. 3/ ___ : Deux amis peuvent se regarder de cette façon quand ils font une blague. 4/ ___ : Des femmes qui demandent des autographes aux acteurs. 5/ ___ : Vous l'êtes quand vous avez oublié votre portefeuille et devez payer.

D/ Entourez le mot qui n'a aucun lien avec les autres :

1/ à rayures / à carreaux / à pois / à genoux / à fleurs
2/ s'éloigner / partir / revenir / s'enfuir / s'en aller
3/ envahissant / accueillant / gênant / accaparant / indiscret
4/ brutalement / durement / facilement / brusquement / subitement
5/ ondulé / bouclé / raide / frisé / crépu

E/ Sujet de composition : Donnez quatre exemples de situations où vous pouvez utiliser l'expression « Félicitations » ». (Cinq phrases complètes minimum).

CHAPITRE 14

A/ Répondez aux questions suivantes par des phrases complètes :

Paragraphe 1 :

1/ Pourquoi peut-on décrire la femme rousse comme une « gourmande » ?

_____

2/ Après cet incident, Kimberly et Théo restent-ils dans le salon ?

_____

3/ Que fait Théo pour que Kimberly se sente flattée de l'attention qu'il lui porte ?

_____

4/ Que pense Kimberly de sa rencontre avec Théo ?

_____

5/ Selon Kimberly, qui attend probablement Théo aux arrivées ?

_____

Paragraphe 2 :

1/ Kimberly pense-t-elle que Théo et la Française iront chez eux en taxi ?

_____

2/ Comment Kimberly imagine-t-elle l'endroit où habite Théo ?

_____

3/ Selon Kimberly, dans quel endroit le couple boira-t-il du champagne ?

_____

4/ Qui vient réveiller Kimberly ? Et pourquoi ?

_____

5/ Dans un avion, que doivent faire les passagers avant l'atterrissage ?

_____

Paragraphe 3 :

1/ Que fait Kimberly avant de retourner à son siège ?

_____

2/ À qui Kimberly veut-elle rapporter des cadeaux ?

_____

3/ Comment s'appelle le plus grand aéroport de Paris ?

_____

4/ Quel temps fait-il à Paris ?

_____

5/ Que souhaite le commandant de bord et l'équipage à tous les passagers ?

_____

B/ Traduisez les phrases suivantes :

1/ The children rush to get ready for their first day of school. 2/ My sister hopes to visit us next month. 3/ We need to make sure that our hotel room is reserved.
4/ They wish you a very happy birthday. 5/ My brother's flight will land in an hour.

1/_____

2/_____

3/_____

4/_____

5/_____

C/ Trouvez deux synonymes pour les mots suivants :

1/ s'assoupir : _____

2/ prochainement : _____

3/ attacher : _____

4/ engloutir : _____

5/ une rencontre : _____

D/ Entourez la bonne réponse :

1/ Ma grand-mère est _____ parce que je viens de lui offrir un chaton.
a/ déçue   b/ attendrie   c/ engourdie   d/ étourdie

2/ Les deux voisins se parlent sur _____ .
a/ le palier   b/ le comptoir   c/ l'ascenseur   d/ le plafond

3/ Ce soda à l'orange célèbre doit être _____ avant d'être bu.
a/ ajouté   b/ renversé   c/ écrasé   d/ secoué

4/ Il fait très chaud aujourd'hui et le soleil _____ .
a/ brille   b/ se lève   c/ se couche   d/ se rapproche

5/ Ils _____ à la corde pour rester en forme.
a/ marchent   b/ s'accrochent   c/ sautent   d/ mangent

E/ Sujet de composition : Croyez-vous au coup de foudre (love at first sight) ? (Cinq phrases complètes minimum).

_____

_____

_____

_____

_____

_____

_____

_____

_____

_____

_____

CHAPITRE 15

A/ Répondez aux questions suivantes par des phrases complètes :

Paragraphe 1 :

1/ Décrivez Marcel, le chauffeur de Kimberly.

_____

2/ Que pense Marcel de Kimberly dès qu'elle monte dans la voiture ?

_____

3/ Pour quelle raison les parents de Kimberly sont-ils venus à Paris ?

_____

4/ Quel monument attire immédiatement l'attention de Kimberly ?

_____

5/ Dans quelles villes du monde existe-t-il des répliques de ce monument ?

_____

Paragraphe 2 :

1/ Selon Marcel, pourquoi la tour Eiffel vaut-elle la peine d'être visitée ?

_____

2/ Kimberly est-elle d'accord avec Marcel ? Comment le savez-vous ?

_____

3/ Pourquoi Kimberly doit-elle faire attention avant de descendre de voiture ?

_____

4/ Qu'est-ce qui impressionne Kimberly quand elle regarde la tour Eiffel ?

_____

5/ Qui vient entourer Kimberly au moment où elle s'apprête à prendre des photos ?

_____

Paragraphe 3 :

1/ Pourquoi Kimberly n'arrive-t-elle pas à repousser les enfants voleurs ?

_____

2/ Que font les enfants pour essayer de voler le portable de Kimberly ?

_____

3/ Comment Kimberly arrive-t-elle à se défendre ?

_____

4/ Quelle est la réaction de Marcel quand il se rend compte de ce qui se passe ?

_____

5/ Les enfants voleurs ont-ils réussi à voler le sac de Kimberly ? Pourquoi ?

_____

B/ Traduisez les phrases suivantes :

1/ There are too many mosquitoes outside. 2/ I always agree with my best friend Sandrine. 3/ Your rearview mirror is broken. You should replace it. 4/ Tell him to park his car on the street. 5/ My sister speaks five languages fluently.

1/ _____

2/ _____

3/ _____

4/ _____

5 _____

C/ Reconstituez les mots suivants :

1/ Un synonyme de « plusieurs » ou « beaucoup » : BROXENUM : _____

2/ Il y en a trois dans une voiture : VOTÉRIRESURS : _____

3/ Elle est indiquée sur les vêtements : LITELA_____

4/ On le dit de quelque chose d'énorme : TINAGEQUEGS : _____

5/ La manière de réagir quand on a peur : IRREC : _____

44

D/ Entourez la bonne réponse :

1/ Je ne vois plus notre chien dans le jardin. Je crois qu'il _____ .
a/ a entendu   b/ a disparu   c/ a fondu   d/ a bu

2/ Marie veut acheter un cadeau bon marché. Elle va acheter un _____ .
a/ porte-clé   b/ portemanteau   c/ porte-parole   d/ porte-voix

3/ Barbara ne connaît pas l'âge de Maurice mais il doit avoir _____ .
a/ la douzaine   b/ la quarantaine   c/ la vieillesse   d/ l'âge

4/ Leur maison est très vieille. Ils commencent les _____ de rénovation demain.
a/ décorations   b/ fondations   c/ travaux   d/ finitions

5/ Bernard est d'accord avec son meilleur ami alors il lui _____ de la tête.
a/ fait à manger   b/ fait la bise   c/ fait la vaisselle   d/ fait signe

E/ Sujet de composition : Quels objets sont souvent utilisés comme porte-bonheur ? En avez-vous un ? Si oui, lequel ? (Cinq phrases complètes minimum).

_____

_____

_____

_____

_____

_____

_____

_____

_____

_____

_____

CHAPITRE 16

A/ Répondez aux questions suivantes par des phrases complètes :

Paragraphe 1 :

1/ Pourquoi Kimberly a-t-elle les mains qui tremblent après l'incident ?

_____

2/ Pourquoi Marcel est-il en colère ?

_____

3/ Que faut-il faire dans une grande ville pour rester en sécurité ?

_____

4/ Pourquoi est-ce difficile pour la justice de condamner les enfants voleurs ?

_____

5/ De quelle région européenne ces enfants viennent-ils souvent ?

_____

Paragraphe 2 :

1/ Quelle excuse frauduleuse les délinquants utilisent-ils pour voler les touristes ?

_____

2/ Qui sont les victimes idéales pour les enfants voleurs ? Pourquoi ?

_____

3/ Pourquoi ces attaques sont-elles mauvaises pour la réputation de Paris ?

_____

4/ Que propose Marcel à Kimberly pour qu'elle se sente en sécurité ?

_____

5/ Kimberly est-elle contente que Marcel soit intervenu pour l'aider ?

_____

Paragraphe 3 :

1/ Marcel pratique-t-il un art martial ? Lequel ? Et quel est son niveau ?

_____

2/ Que fait-il pour prouver à Kimberly qu'il peut la défendre ?

_____

3/ Que remarque Kimberly quand Marcel enlève sa chemise ?

_____

4/ Comment s'appelle la place où se trouve l'hôtel de Kimberly ?

_____

5/ Dans quelle circonstance Marcel et Kimberly vont-ils se revoir ?

_____

B/ Traduisez les phrases suivantes :

1/ That dress is too tight. I need a larger size. 2/ Marie has been looking everywhere for her wallet. 3/ Doctors have a duty to heal the sick. 4/ This store doesn't accept credit cards, only cash. 5/ Jean-Pierre is upset because his car won't start.

1/_____

2/_____

3/ _____

4/ _____

5/ _____

C/ Trouvez deux synonymes pour les mots suivants :

1/ un garde du corps : _____

2/ un délinquant : _____

3/ une ceinture : _____

4/ secourir : _____

5/ être choqué : _____

D/ Entourez la bonne réponse :

1/ Les enfants descendent et _____ dans la voiture en cinq minutes.
a/ pleurent   b/ se regardent   c/ remontent   d/ dorment

2/ Il y a des policiers devant cet hôtel. Ils assurent la _____ des clients ici.
a/ visite   b/ journée   c/ responsabilité   d/ sécurité

3/ Il fait très chaud dans cette salle de classe. Tu peux _____ ta veste.
a/ remettre   b/ enlever   c/ plier   d/ retourner

4/ Joseph est au chômage depuis trois mois car il _____ à retrouver un emploi.
a/ a du mal   b/ a abandonné   c/ a résisté   d/ a insisté

5/ Simone _____ de vous faire visiter votre appartement dans une heure.
a/ fera plaisir   b/ aura le plaisir   c/ prendra plaisir   d/ vous plaira

E/ Sujet de composition : Quelles sont les responsabilités d'un garde du corps ? (Cinq phrases complètes minimum).

_____

_____

_____

_____

_____

_____

_____

_____

_____

_____

_____

_____

CHAPITRE 17

A/ Répondez aux questions suivantes par des phrases complètes :

Paragraphe 1 :

1/ Où est né Marcel ? Pourquoi cette ville est-elle connue dans le monde entier ?

_____

2/ Quelles recommandations Marcel peut-il faire à Kimberly à Paris ?

_____

3/ Qui vient ouvrir la portière du côté de Kimberly quand ils arrivent à son hôtel ?

_____

4/ En général, quels hôtels ont des portiers devant les portes d'entrée ?

_____

5/ Qui vient accueillir Kimberly une fois à l'intérieur de l'hôtel ?

_____

Paragraphe 2 :

1/ Où Rachida va-t-elle emmener Kimberly ?

_____

2/ Kimberly porte-t-elle elle-même ses valises ?

_____

3/ Qu'admire Kimberly dans l'entrée de l'hôtel ?

_____

4/ Quelle explication Rachida donne-t-elle à Kimberly une fois dans l'ascenseur ?

_____

5/ Dans quelle circonstance ne faut-il jamais utiliser d'ascenseur ?

_____

Paragraphe 3 :

1/ Où se trouve la suite de Kimberly ?

_____

2/ Que peut admirer Kimberly du balcon de sa chambre ?

_____

3/ Comment Kimberly peut-elle contrôler toutes les commandes de sa suite ?

_____

4/ Que se passe-t-il dans la pièce si l'on appuie sur le bouton pour tirer les rideaux ?

_____

5/ Kimberly peut-elle changer l'éclairage de sa suite ?

_____

B/ Traduisez les phrases suivantes :

1/ Jérôme is able to carry all five bags at once. 2/ The concierge is at your disposal if you need to call a taxicab. 3/ Dorothée is the best tennis player on the team.
4/ Tell him where my parents were born. 5/ The elevator is still not working today.

1/_____

2/_____

3/ _____

4/ _____

5/ _____

C/ Trouvez la définition des mots suivants : a/ une entrée b/ le marbre c/ ralentir d/ accueillir e/ un portier :

1/ _____ : Il ouvre les portes d'un hôtel pour vous laisser entrer. 2/ _____ : Au volant, il faut mieux le faire rapidement quand vous voyez un obstacle. 3/ _____ : Le fait d'attendre des amis ou des invités sur le pas de la porte. 4/ _____ : Le contraire d'une sortie. 5/ _____ : La pierre favorite de beaucoup de sculpteurs.

D/ Entourez le mot qui n'a aucun lien avec les autres :

1/ luxueux / indigent / riche / orné / opulent
2/ un escalier / une échelle / une cave / un escabeau / une marche
3/ une salle de séjour / une salle de bains / un jardin / une cuisine / une chambre
4/ introduire / retirer / mettre / percer / placer
5/ une tringle / un bâton / une branche / une assiette / une tige

E/ Sujet de composition : Décrivez les différentes pièces de l'endroit où vous habitez. (Cinq phrases complètes minimum).

CHAPITRE 18

A/ Répondez aux questions suivantes par des phrases complètes :

Paragraphe 1 :

1/ Pourquoi Kimberly ne va-t-elle pas trouver de télévision dans la salle de séjour ?

_____

2/ Quelles chaînes de télévision Kimberly peut-elle regarder ?

_____

3/ Si Kimberly a soif, où est-ce qu'il y a des boissons dans la suite ?

_____

4/ Où Kimberly peut-elle se détendre sur le balcon de sa chambre ?

_____

5/ Quels produits de toilette y a-t-il dans la salle de bains d'une chambre d'hôtel ?

_____

Paragraphe 2 :

1/ Kimberly va-t-elle utiliser les produits de toilette qu'elle a apportés avec elle ?

_____

2/ Kimberly est-elle satisfaite de sa suite ?

_____

3/ Qui frappe à la porte ?

_____

4/ Qu'est-ce que le garçon d'étage pose sur la table ?

_____

5/ À qui Kimberly va-t-elle envoyer la photo de la tour Eiffel en fruits coupés ?

_____

Paragraphe 3 :

1/ À votre avis, Rachida est-elle une employée efficace ? Pourquoi ?

_____

2/ Pourquoi Kimberly veut-elle donner de l'argent à Rachida et au garçon d'étage ?

_____

3/ Qui s'est chargé de payer la chambre de Kimberly et tous les pourboires ?

_____

4/ Comment Rachida et Marcel vont-ils rendre le séjour de Kimberly plus sûr ?

_____

5/ Donnez des exemples de commerces ouverts 24 heures sur 24 heures.

_____

B/ Traduisez les phrases suivantes :

1/ We need a luggage cart for our suitcases. 2/ My grandparents are staying home for dinner tonight. 3/ The restaurant manager canceled our reservation. 4/ I forgot to buy some hair conditioner. 5/ Don't hesitate to call us if you're running late.

1/ _____

2/ _____

3/ _____

4/ _____

5/ _____

C/ Trouvez deux mots de la même catégorie pour les mots suivants :

1/ se restaurer : _____

2/ s'installer : _____

3/ frais : _____

4/ se hâter : _____

5/ un chariot : _____

D/ Entourez la bonne solution :

1/ N'oubliez pas de mettre les jus de fruits _____ parce qu'il fait trop chaud dehors.
a/ au frais   b/ sur la table   c/ dans le four   d/ dans la poubelle

2/ Nous devrions commander des crêpes _____ pour commencer.
a/ moisies   b/ brûlées   c/ surgelées   d/ salées

3/ Robert est en retard et il _____d'arriver avant la réunion du personnel.
a/ vient   b/ fait semblant   c/ se hâte   d/ prend son temps

4/ Ce mécanicien est très _____ . Il a réparé ma voiture en trente minutes.
a/ paresseux   b/ efficace   c/ impatient   d/ occupé

5/ La serveuse _____ trois pizzas et deux salades sur la table.
a/ dispose   b/ range   c/ laisse tomber   d/ avale

E/ Sujet de composition : Préférez-vous les crêpes ou les pancakes ? Avec quoi aimez-vous les manger ? (Cinq phrases complètes minimum).

_____

_____

_____

_____

_____

_____

_____

_____

_____

_____

_____

_____

CHAPITRE 19

A/ Répondez aux questions suivantes par des phrases complètes :

Paragraphe 1 :

1/ Qu'est-ce qui réveille Kimberly ?

_____

2/ Comment Kimberly sait-elle l'heure qu'il est ?

_____

3/ Quel vêtement Kimberly enfile-t-elle ?

_____

4/ Quels bruits forcent Kimberly à refermer la baie vitrée ?

_____

5/ Combien de fois vérifiez-vous vos messages sur votre portable par jour ?

_____

Paragraphe 2 :

1/ Qui a laissé un message sur le portable de Kimberly ?

_____

2/ Qu'est-ce que cette personne veut que Kimberly lui ramène ?

_____

3/ Que pensez-vous du petit-déjeuner que l'on apporte à Kimberly ?

_____

4/ Aimez-vous les viennoiseries ? Si oui, quelle est votre favorite ?

_____

5/ Que mangez-vous pour votre petit-déjeuner ?

_____

Paragraphe 3 :

1/ Pensez-vous que Kimberly ait apprécié son petit-déjeuner ?

_____

2/ Qui appelle Kimberly avant qu'elle se prépare à sortir ?

_____

3/ À votre avis, pourquoi Kimberly va-t-elle être prête rapidement ?

_____

4/ Que veut savoir Marcel quand il répond au téléphone à Kimberly ?

_____

5/ Marcel est-il déjà garé devant l'hôtel ? Si non, où est-il et que fait-il ?

_____

B/ Traduisez les phrases suivantes :

1/ I always leave my watch on the night table. 2/ Claire got into a car accident last night, but hopefully she's okay. 3/ We should have lunch now because I'm starving. 4/ Did you leave your textbooks upstairs or downstairs? 5/ My son didn't sleep well because he had a nightmare.

1/ _____

2/ _____

3/ _____

4/ _____

5/ _____

C/ Trouvez la définition des mots suivants : a/ le décalage horaire b/ respirer c/ lointain d/ les œufs e/ la livraison :

1/ _____ : Vous pouvez les manger au plat, en omelette ou brouillés. 2/ _____: Dans certaines villes, la pollution vous empêche de bien le faire. 3/ _____ : Le contraire de « près » ou « proche ». 4/ _____ : Quand vous achetez un produit en ligne, elle est souvent incluse. 5/ _____: La différence d'heures entre les continents.

D/ Entourez le mot qui n'a aucun lien avec les autres :

1/ une table de nuit / une chaise / un tabouret / un lit / une tasse
2/ une dinde / un écureuil / un poulet / un faisan / un canard
3/ mignon / gentil / agréable / râleur / beau
4/ maladroit / chanceux / veinard / favorisé / heureux
5/ un pamplemousse / une clémentine / une cerise / un citron / une mandarine

E/ Sujet de composition : Quelle est votre routine matinale ? (Cinq phrases complètes minimum).

_____

_____

_____

_____

_____

_____

_____

_____

_____

_____

_____

_____

_____

_____

_____

_____

_____

CHAPITRE 20

A/ Répondez aux questions suivantes par des phrases complètes :

Paragraphe 1 :

1/ Que regarde Kimberly du balcon de sa chambre ?

_____

2/ Une fois sortie de l'ascenseur, où Kimberly dirige-t-elle son attention ?

_____

3/ Qui vient parler à Kimberly ?

_____

4 / De quoi veut s'assurer Rachida ?

_____

5/ Quel document Rachida a-t-elle préparé pour Marcel ?

_____

Paragraphe 2 :

1/ Qui vient heurter Kimberly de plein fouet alors qu'elle sort de l'hôtel ?

_____

2/ Pourquoi cette personne ne l'a-t-elle pas vue ?

_____

3/ Pourquoi Kimberly s'excuse-t-elle auprès du portier ?

_____

4/ Dans quelles situations est-ce que vous devez vous tenir sur vos gardes ?

_____

5/ Kimberly va-t-elle prendre un taxi pour visiter Paris ?

_____

Paragraphe 3 :

1/ Qu'est-ce que Kimberly a dans son sac pour Marcel ?

_____

2/ À votre avis, Marcel apprécie-t-il ce que lui donne Kimberly ? Pourquoi ?

_____

3/ Pourquoi Kimberly est-elle surprise quand elle s'assied à l'arrière de la voiture ?

_____

4/ Où Marcel va-t-il conduire Kimberly ?

_____

5/ Aimez-vous le chocolat ? Si oui, quel type de chocolat préférez-vous ?

_____

B/ Traduisez les phrases suivantes :

1/ Mia tells her secrets to her best friend. 2/ Is the doctor's office on the ground floor? 3/ My French teacher's advice is to learn more vocabulary. 4/ Look at Leila! Her wedding dress is stunning. 5/ I have to go shopping for my grandmother.

1/ _____

2/_____

3/ _____

4/ _____

5/ _____

C/ Trouvez deux mots qui font partie de la même catégorie :

1/ un colis : _____

2/ exquis : _____

3/ un ruban : _____

4/ une suggestion : _____

5/ un petit-déjeuner : _____

D/ Entourez la bonne réponse :

1/ Regarde ce beau cadeau avec un _____ en ruban vert.
a/ colis   b/ papier   c/ nœud   d/ fil

2/ Hier dans ce virage, une moto a été heurtée _____ par un camion.
a/ de plein fouet   b/ de plain-pied   c/ fouettée   d/ en pleine forme

3/ Peux-tu ouvrir au _____, s'il te plaît ? J'attends ma commande.
a/ chanteur   b/ chat   c/ directeur   d/ livreur

4/ Quand elle prend le métro, il y a toujours quelqu'un qui lui _____ sur les pieds.
a/ regarde   b/ marche   c/ dérange   d/ parle

5/ Tu as fait une pizza ? Ça _____ parce que j'ai une faim de loup.
a/ me fait mal   b/ me gêne   c/ tombe bien   d/ me surprend

E/ Sujet de composition : Quels services le concierge d'un hôtel peut-il rendre ? (Cinq phrases complètes minimum).

_____

_____

_____

_____

_____

_____

_____

_____

_____

_____

_____

_____

CHAPITRE 21

A/ Répondez aux questions suivantes par des phrases complètes :

Paragraphe 1 :

1/ Pourquoi le quartier du Marais est-il considéré comme « très historique » ?

_____

2/ Comment s'appelle le musée consacré à l'histoire de Paris et de ses habitants ?

_____

3/ Donnez deux exemples de ce que l'on peut voir dans ce musée.

_____

4/ Qui était la reine Marie-Antoinette ?

_____

5/ Pendant quel évènement historique a-t-elle été condamnée à mort ?

_____

Paragraphe 2 :

1/ Kimberly décide-t-elle d'aller visiter le Musée Carnavalet ? Pourquoi ?

_____

2/ Marcel et Kimberly passent-ils toute la journée dans le Marais ?

_____

3/ Sur quelle sorte de bateau Kimberly va-t-elle déjeuner ?

_____

4/ Pourquoi est-ce qu'on risque de tomber quand on marche sur des pavés ?

_____

5/ Combien de temps le déjeuner sur la Seine va-t-il durer ?

_____

Paragraphe 3 :

1/ Qui vient accueillir Kimberly sur le bateau ?

_____

2/ Pourquoi le déjeuner que Kimberly va déguster est-il spécial ?

_____

3/ Qui sont les clients qui déjeunent aussi sur la péniche ?

_____

4/ Est-ce que le maître d'hôtel installe Kimberly dans la grande salle à manger ?

_____

5/ De quelle vue magnifique Kimberly profite-t-elle pendant ce voyage ?

_____

B/ Traduisez les phrases suivantes :

1/ Who is the person walking next to Justin? 2/ Your room is on the sixth floor of the hotel. 3/ Is it true that Kendra was awarded a scholarship to study in France? 4/ We heard about Mary's car accident two days ago. 5/ Be careful if you decide to buy an old car.

1/ _____

2/_____

3/ _____

4/ _____

5/ _____

C/ Trouvez la définition des mots suivants : a/ un joyau b/ la cheville c/ une passerelle d/ une péniche e/ des meubles :

1/ _____ : Elle est indispensable pour monter sur un bateau. 2/ _____ : Une bague, un bracelet ou une couronne . 3/ _____ : Un grand bateau qui peut être aménagé en restaurant 4/ _____ : Votre maison serait vide si vous n'en aviez pas dans chaque pièce. 5/ _____ : Si vous glissez et tombez, vous risquez de vous la tordre.

D/ Entourez le mot qui n'a aucun lien avec les autres :

1/ un uniforme / un tablier / une blouse / une chaussure / un peignoir
2/ une pendule / une cuisinière / une montre / une horloge / un réveil
3/ des pavés / des pelouses / des pierres / des rochers / des cailloux
4/ se balader / se promener / flâner / se concentrer / faire un tour
5/ inconnu / réputé / célèbre / fameux / renommé

E/ Sujet de composition : Quel(s) musée(s) avez-vous déjà visité(s) ? Dans quelles villes ? Est-ce qu'il y avait des oeuvres mondialement célèbres ? Donnez des exemples. (Cinq phrases complètes minimum).

_____

_____

_____

_____

_____

_____

_____

_____

_____

_____

_____

_____

_____

_____

_____

_____

CHAPITRE 22

A/ Répondez aux questions suivantes par des phrases complètes :

Paragraphe 1 :

1/ Qu'est-ce que Kimberly est en train de faire quand le serveur l'interrompt ?

_____

2/ Quels sont les plats que le serveur dispose sur la table ?

_____

3/ Peut-on trouver des homards et du caviar sur les menus de tous les restaurants ?

_____

4/ Pourquoi le serveur ne peut-il pas prendre Kimberly en photo ?

_____

5/ Qui propose à Kimberly de la prendre en photo ?

_____

Paragraphe 2 :

1/ Comment réagit le serveur quand il aperçoit le jeune homme ?

_____

2/ Quelle explication le jeune homme donne-t-il au serveur ?

_____

3/ Kimberly est-elle en colère contre le jeune homme ?

_____

4/ Le serveur accepte-t-il que le jeune homme reste dans le salon privé ?

_____

5/ Quel geste romantique le jeune homme fait-il avant de s'en aller ?

_____

Paragraphe 3 :

1/ Quand le serveur chasse le jeune homme, Kimberly a-t-elle fini de déjeuner ?

_____

2/ Une fois arrivée à quai, Kimberly demande-t-elle à Marcel de l'accompagner ?

_____

3/ Marcel est-il content de la décision de Kimberly ?

_____

4/ Quelles activités ordinaires des Parisiens Kimberly peut-elle observer ?

_____

5/ Comment Kimberly se sent-elle après trois heures de marche dans Paris ?

_____

B/ Traduisez les phrases suivantes :

1/ Smoking is not allowed in this building. 2/ Sophia feels like going on a cruise in Sweden. 3/ We're out of milk. Can you go and get some, please? 4/ She ordered scallops and shrimp for her appetizer. 5/ You can sit next to me. It won't bother me.

1/ _____

2/ _____

3/ _____

4/ _____

5/ _____

C/ Reconstituez les mots suivants :

1/ Les rives d'une rivière ou d'un fleuve : SEBERG : _____

2/ Quand on est surpris par la beauté : VELIMÉRELÉ : _____

3/ Faire sortir quelqu'un d'une pièce : RASEHSC : _____

4/ Quand un bateau se place à un quai : RECACOTS : _____

5/ Une réaction émotionnelle quand on est scandalisé : ÉROTU : _____

65

D/ Entourez la bonne réponse :

1/ Je n'ai pas vu Olivier partir. Il est parti en un clin _____ .
a/ d'oreille   b/ d'œil   c/ de cil   d/ de paupière

2/ Rémi devrait sortir plus souvent. Il se plaint qu'il n'a jamais _____ à qui parler.
a/ rien   b/ aucun   c/ personne   d/ tout le monde

3/ Laisse les enfants jouer dans le jardin. Ils ne font rien de _____ .
a/ bon   b/ mauvais   c/ bien   d/ mal

4/ Aucun_____, vous pouvez me payer demain matin.
a/ souci   b/ embarras   c/ désagrément   d/ ennui

5/ Pour faire un bon mojito, il faut utiliser de la glace _____ .
a/ écrasée   b/ fondue   c/ pilée   d/ broyée

E/ Sujet de composition : Avez-vous déjà fait un voyage en bateau ? Si oui, à quelle occasion ? (Cinq phrases complètes minimum).

_____

_____

_____

_____

_____

_____

_____

_____

_____

_____

_____

_____

CHAPITRE 23

A/ Répondez aux questions suivantes par des phrases complètes :

Paragraphe 1 :

1/ À votre avis, pourquoi le Café de Flore est-il un café idéal pour les touristes ?

_____

2/ Qu'achetez-vous comme boisson quand vous avez soif ?

_____

3/ Le garçon est-il patient avec Kimberly ?

_____

4/ Qu'apporte-t-il à Kimberly en premier ?

_____

5/ Qu'est-ce que le garçon de café a oublié d'apporter à Kimberly ?

_____

Paragraphe 2 :

1/ Pourquoi Kimberly n'arrive-t-elle pas à attirer l'attention du garçon de café ?

_____

2/ Quels sentiments exprimez-vous quand vous soupirez ?

_____

3/ Kimberly doit-elle encore attendre longtemps pour avoir son eau pétillante ?

_____

4/ Comment savez-vous que Kimberly est contente de revoir le jeune homme ?

_____

5/ À votre avis, cette seconde rencontre est-elle vraiment une coïncidence ?

_____

Paragraphe 3 :

1/ Quelle est la particularité du nom de famille de Charles-Henri ? Expliquez.

_____

2/ Que pensez-vous de sa manière de s'exprimer ?

_____

3/ Trouvez une expression synonyme de « pour vous servir » ?

_____

4/ Que fait Charles-Henri qui surprend Kimberly ?

_____

5/ Que contient le sac cadeau que Charles-Henri pose sur la table ?

_____

B/ Traduisez les phrases suivantes :

1/ Jocelyne is back, so let's have a big party for her. 2/ This car is not Fred's. His is parked over there. 3/ Stéphane can't stop coughing because he's so sick. 4/ Despite the parking lot being very crowded, Yasmina spotted a parking space right away. 5/ I'd like to know what you ordered for dessert.

1/_____

2/_____

3/ _____

4/ _____

5/ _____

C/ Trouvez la définition des mots suivants : a/ une marque b/ le cœur c/ une fusée
d/ tendre la main e/ une île flottante :

1/ _____ : Il bat rapidement quand vous êtes amoureux. 2/___: Un dessert qui ressemble à un petit nuage sur de la crème à la vanille. 3/ _____ : Un geste que vous faites pour saluer quelqu'un. 4/ _____ : Le moyen de transport favori dans les films de science-fiction. 5/ _____ : C'est le nom d'un produit commercial.

D/ Entourez le mot qui n'a aucun lien avec les autres :

1/ une tornade / une tempête / un ouragan / un typhon / un arc-en-ciel
2/ prévu / imprévisible / inattendu / surprenant / nouveau
3/ retirer / enlever / ôter / ajouter / supprimer
4/ détendu / exténué / fatigué / éreinté / épuisé
5/ sauter / virevolter / s'asseoir / danser / remuer

E/ Sujet de composition : Quels accessoires les voyants/ les voyantes utilisent-t-ils/elles pour prédire le futur ? Donnez des exemples de leurs prédictions ? (Cinq phrases complètes minimum).

_____

_____

_____

_____

_____

_____

_____

_____

_____

_____

_____

_____

_____

_____

_____

CHAPITRE 24

A/ Répondez aux questions suivantes par des phrases complètes :

Paragraphe 1 :

1/ Kimberly se précipite-t-elle pour ouvrir son cadeau ?

_____

2/ Pourquoi Kimberly ne veut-elle pas accepter ce flacon de parfum ?

_____

3/ Que dit Charles-Henri à propos des Américaines ?

_____

4/ Quels indices aident Charles-Henri à deviner que Kimberly est américaine ?

_____

5/ Charles-Henri est-il timide ? Pourquoi ?

_____

Paragraphe 2 :

1/ Quel commentaire Charles-Henri fait-il au sujet de l'accent de Kimberly ?

_____

2/ Combien de temps Kimberly va-t-elle rester à Paris ?

_____

3/ Quel monument y a-t-il au milieu de la cour du Louvre ?

_____

4/ Qu'est-ce qui interrompt la promenade de Kimberly et de Charles-Henri ?

_____

5/ Comment savez-vous que Charles-Henri et Kimberly s'entendent très bien ?

_____

Paragraphe 3 :

1/ Que pense Kimberly de sa promenade avec Charles-Henri ?

_____

2/ Pourquoi veut-elle prendre un selfie avec Charles-Henri ?

_____

3/ Charles-Henri et Kimberly arrivent-ils à se protéger de la pluie ? Pourquoi ?

_____

4/ Où Charles-Henri propose-t-il d'aller ?

_____

5/ Pourquoi Kimberly est-elle embarrassée après avoir répondu à Charles-Henri ?

_____

B/ Traduisez les phrases suivantes :

1/ It's obvious that Natasha understands English. 2/ This restaurant is the best place to have lunch. 3/ Don't forget to buy a gift bag for Laura's birthday. 4/ Speaking Spanish is very useful in Los Angeles. 5/ Léo has been on vacation for a week.

1/ _____

2/ _____

3/ _____

4/ _____

5/ _____

C/ Entourez le mot qui n'a aucun lien avec les autres :

1/ un flacon / une bouteille / une carafe / un pichet / une assiette
2/ des copines / des adversaires / des amies / des camarades / des partenaires
3/ une glacière / une ombrelle / un parapluie / un parasol / un paravent
4/ évident / sûr / certain / incontestable / hésitant
5/ rêver / songer / imaginer / réagir / fantasmer

71

D/ Entourez la bonne réponse :

1/ Mireille a gagné la médaille d'or et Sara, celle d'argent. Elle est _____ de jalousie.
a/ orange   b/ rouge   c/ jaune   d/ verte

2/ Alia sait toujours ce qu'elle veut. Elle _____ .
a/ a de la peine   b/ a du caractère   c/ est timide   d/ est hésitante

3/ Marcus a acheté deux portables au cas où il en perdrait un. Il est très _____ .
a/ prévoyant   b/ étourdi   c/ caractériel   d/ maladroit

4/ Elle vient d'arriver de Mumbai. Je _____ qu'elle est très fatiguée.
a/ doute   b/ suis contente   c/ me doute   d/ ne croit pas

5/ Joséphine était si surprise qu'elle n'a pas su comment _____ .
a/ réagir   b/ crier   c/ dormir   d/ étudier

E/ Sujet de composition : Quelle ville est pour vous la plus romantique du monde ? Expliquez pourquoi. (Cinq phrases complètes minimum).

CHAPITRE 25

A/ Répondez aux questions suivantes par des phrases complètes :

Paragraphe 1 :

1/ Pourquoi Kimberly est-elle rassurée ?

_____

2/ Que veut dire l'expression « avoir beaucoup de relations » ?

_____

3/ Comment savons-nous que Kimberly est mal à l'aise pendant quelques minutes ?

_____

4/ Est-ce qu'il pleut encore pendant cette conversation ?

_____

5/ À votre avis, pourquoi Marcel essaie-t-il plusieurs fois de joindre Kimberly ?

_____

Paragraphe 2 :

1/ Comment réagit Charles-Henri quand Kimberly parle d'un certain « Marcel » ?

_____

2/ Et quelle est sa réaction quand Kimberly lui dit que Marcel est son chauffeur ?

_____

3/ Pourquoi Marcel a-t-il envoyé quatre SMS à Kimberly ?

_____

4/ Quelle sorte de boutique attire l'attention de Kimberly ?

_____

5/ Qu'est-ce que l'on peut acheter dans cette boutique ?

_____

Paragraphe 3 :

1/ Que pense Charles-Henri de la boutique d'antiquités qui intéresse Kimberly ?

_____

2/ Comment Kimberly réagit-elle quand Charles-Henri veut la forcer à partir ?

_____

3/ Que va faire Charles-Henri pendant que Kimberly entre dans la boutique ?

_____

4/ Comment l'antiquaire accueille-t-il Kimberly ?

_____

5/ Où se trouve le modèle de montre que Kimberly veut examiner ?

_____

B/ Traduisez les phrases suivantes :

1/ My twin brother didn't really shave his head. I was only kidding. 2/ Don't wait for me. I have to make a phone call. 3/ Our neighbors are very lucky. They just won a new car. 4/ Please give me a sponge to wipe the table, because it's dirty. 5/ Paul is no longer sick, so he went back to work.

1/ _____

2/ _____

3/ _____

4/ _____

5/ _____

C/ Associez les expressions qui ont le même sens : a/ être pressé b/ être gêné
c/ essuyer d/ être soucieux e/ ne plus être triste

1/ _____ : retrouver le sourire 2/ _____ : s'inquiéter 3/ _____ : ne pas s'attarder 4/ _____ : être rouge comme une pivoine 5/ _____ : sécher

D/ Entourez la bonne réponse :

1/ Jacques a dû _____ pour laisser passer le livreur qui portait un colis très lourd.
a/ s'asseoir   b/ s'écarter   c/ se reposer   d/ se décider

2/ On devrait se débarrasser de tous les _____ que nous avons dans le grenier.
a/ boîtes   b/ vieux trucs   c/ invités   d/ cadeaux

3/ Après avoir essuyé les assiettes, il faut les _____ .
a/ ranger   b/ casser   c/ ébrécher   d/ gratter

4/ Elle se met toujours trop de maquillage sur _____ .
a/ les oreilles   b/ les dents   c/ les joues   d/ les orteils

5/ Pour _____ un accident, il faut faire vérifier les freins très souvent.
a/ se retrouver dans   b/ constater   c/ éviter   d/ provoquer

E/ Sujet de composition : Préférez-vous téléphoner à vos amis ou leur envoyer des textos ? Expliquez pourquoi. (Cinq phrases complètes minimum).

_____

_____

_____

_____

_____

_____

_____

_____

_____

_____

_____

_____

CHAPITRE 26

A/ Répondez aux questions suivantes par des phrases complètes :

Paragraphe 1 :

1/ Kimberly choisit-elle d'examiner une vieille montre ordinaire ?

_____

2/ Quelle personne de la famille de Kimberly possédait une montre similaire ?

_____

3/ À qui cette personne a-t-elle donné cette montre ? Et pourquoi ?

_____

4/ Que pense l'antiquaire de l'histoire que lui a racontée Kimberly ?

_____

5/ Quel autre objet vient avec la montre si on l'achète ?

_____

Paragraphe 2 :

1/ Quel élément d'identification y avait-il sur la montre que Kimberly recherche ?

_____

2/ Comment réagit-elle quand elle voit qu'il n'y a rien de gravé sur la montre ?

_____

3/ Qu'est-ce qui indique à l'antiquaire qu'un client entre dans sa boutique ?

_____

4/ Quelle est l'attitude de Charles-Henri quand il entre dans la boutique ?

_____

5/ Que suggère l'antiquaire à Kimberly au moment où elle sort de la boutique ?

_____

Paragraphe 3 :

1/ Où Marcel attend-il Kimberly ? Et que fait-il pour être présentable ?

_____

2/ Pourquoi Marcel est-il surpris, et énervé, quand il constate l'heure qu'il est ?

_____

3/ Que mange-t-il pour calmer son inquiétude ?

_____

4/ Pourquoi l'humeur de Marcel change-t-elle quand il voit Kimberly ?

_____

5/ À votre avis, quel geste de Charles-Henri rend Marcel immédiatement jaloux ?

_____

B/ Traduisez les phrases suivantes :

1/ Rosa is very knowledgeable in medieval French history. 2/ The dog is so hungry that he swallows his food without chewing it. 3/ We've changed our minds, and we'd like to cancel our reservation. 4/ Corinne is very late, and her sister has been pacing back and forth. 5/ These battles happened during World War II.

1/ _____

2/_____

3/ _____

4/ _____

5/ _____

C/ Trouvez la définition des mots suivants : a/ un tête-à-tête b/ aimable c/ l'enfance d/ jaunie e/ discrète :

1/ _____ : Une vieille photo a cet aspect coloré quand elle est vieille. 2/_____ : On le dit d'une personne qui n'attire pas l'attention. 3/ _____ : Les années de votre vie avant l'adolescence. 4/ _____ : Vous pouvez en avoir un au restaurant ou dans un bureau. 5/ _____ : Gentil et agréable sont deux synonymes de cet adjectif.

D/ Entourez le mot qui n'a aucun lien avec les autres :

1/ une cravate / un col / un nœud papillon / une chemise / une chaussure
2/ de l'enthousiasme / du dynamisme / de la paresse / de l'énergie / de la frénésie
3/ une clochette / un carillon / une sonnette / une horloge / une casserole
4/ un étui / un coffre / une malle / une valise / une bouteille
5/ s'assombrit / s'illumine / se voile / se noircit / se cache

E/ Sujet de composition : Est-ce que votre famille possède un objet (un bijou, un meuble, une pièce de monnaie, un tableau, etc) qui a une grande valeur symbolique ? Racontez son histoire. (Cinq phrases complètes minimum).

_____

_____

_____

_____

_____

_____

_____

_____

_____

_____

_____

_____

_____

_____

_____

CHAPITRE 27

A/ Répondez aux questions suivantes par des phrases complètes :

Paragraphe 1 :

1/ Kimberly part-elle tout de suite une fois que Charles-Henri monte dans le taxi ?

_____

2/ Marcel attend-il Kimberly calmement dans la voiture ?

_____

3/ Pourquoi Marcel ressort-il de la voiture quand Kimberly arrive ?

_____

4/ Que fait-il pour cacher sa gêne et sa nervosité ?

_____

5/ Que remarque Kimberly à propos de Marcel quand elle monte dans la voiture ?

_____

Paragraphe 2 :

1/ Marcel répond-il à Kimberly de la même manière que d'habitude ?

_____

2/ Trouvez trois adjectifs qui décrivent l'attitude de Marcel.

_____

3/ Marcel explique-t-il la vraie raison de sa mauvaise humeur ?

_____

4/ Quel conseil Kimberly lui donne-t-elle ?

_____

5/ Comment Marcel conduit-il dans Paris ?

_____

Paragraphe 3 :

1/ Que pense Marcel de la destination choisie par Kimberly ?

_____

2/ Pourquoi Marcel change-t-il brusquement d'attitude ?

_____

3/ Qu'est-ce qui empêche Kimberly de se blesser quand Marcel freine aussi fort ?

_____

4/ Marcel reconnaît-il sa faute de conduite ?

_____

5/ Kimberly veut-elle continuer à se promener dans Paris avec Marcel ? Pourquoi ?

_____.

B/ Traduisez les phrases suivantes :

1/ Cédric is coughing a lot and he has a headache. 2/ My neighbor lost her dog, so she's depressed. 3/ She's very careful when riding her bike. 4/ The taxi driver should slow down because the road is slippery. 5/ The president got offended, and therefore he will not be attending the party.

1/_____

2/_____

3/ _____

4/ _____

5 _____

C/ Trouvez le contraire des mots suivants :

1/ freiner : _____   2/ déprimé : _____

3/ offensé : _____   4/ en avant : _____

5/ mentir : _____

D/ Entourez la bonne réponse :

1/ Bernard était tellement en colère qu'il _____ la porte.
a/ a peint   b/ a claqué   c/ a touché   d/ a regardé

2/ Ma grand-mère ne veut pas acheter de _____, mais plutôt une moto.
a/ berline   b/ lunettes   c/ chaussons   d/ béquilles

3/ Quand le lapin a traversé la route, mon père _____ pour l'éviter.
a/ a téléphoné   b/ a éternué   c/ a pilé   d/ s'est endormi

4/ Le volume de la télé est trop fort, alors _____ -le, s'il te plaît.
a/ cache   b/éteins   c/ baisse   d/ augmente

5/ Louise est si timide qu'elle ne regarde pas les gens _____ quand elle leur parle.
a/ en face   b/ en haut   c/ en travers   d/ en marche

E/ Sujet de composition : Est-ce que vous conduisez ? Utilisez-vous parfois les transports en commun ? Expliquez pourquoi ? (Cinq phrases complètes minimum).

_____

_____

_____

_____

_____

_____

_____

_____

_____

_____

_____

CHAPITRE 28

A/ Répondez aux questions suivantes par des phrases complètes :

Paragraphe 1 :

1/ Quelle est l'attitude de Kimberly quand elle sort de la voiture ?

_____

2/ Comment le portier propose-t-il d'aider Kimberly ?

_____

3/ Que fera Kimberly si Marcel est toujours de mauvaise humeur le lendemain ?

_____

4/ Que lui répond Marcel ?

_____

5/ Quelle action trahit la mauvaise humeur de Marcel ?

_____

Paragraphe 2 :

1/ Est-ce que Kimberly est triste quand elle entre dans le lobby de l'hôtel ?

_____

2/ Que fait Kimberly qui est assez surprenant à ce moment-là ?

_____

3/ À votre avis, Rachida apprécie-t-elle ce geste ?

_____

4/ Que pense Kimberly de Paris ?

_____

5/ Que dit Kimberly à Rachida à propos de la personne qu'elle a rencontrée ?

_____

Paragraphe 3 :

1/ Qu'aime faire Kimberly quand elle est dans sa chambre ?

_____

2/ Que télécharge-t-elle sur les réseaux sociaux ?

_____

3/ Où Kimberly et Charles-Henri se sont-ils promenés pendant l'après-midi ?

_____

4/ Qu'est-ce qui interrompt Kimberly ?

_____

5/ Que propose Charles-Henri à Kimberly ?

_____

B/ Traduisez les phrases suivantes :

1/ We've been visiting Bordeaux for a week. 2/ Myriam deserves to get the Director position. 3/ Could you please upload these photos for me? 4/ In France, tinted windows on cars are forbidden by law. 5/ We need to hurry since we don't want to miss our flight.

1/ _____

2/ _____

3/ _____

4/ _____

5/ _____

C/ Reconstituez les mots suivants :

1/ Boire très doucement avec une paille par exemple : ROSIRET : _____

2/ Pièce de verre sur une fenêtre ou une porte : TIRVE : _____

3/ C'est une manière de chanter à mi-voix : NACHONTREN : _____

4/ Vous utilisez vos narines pour aspirer de l'air : PIRESRER : _____

5/ C'est une expression de joie sur le visage : RORISUE : _____

D/ Trouvez deux mots qui font partie de la même catégorie :

1/ un souci : _____

2/ une heure : _____

3/ le cœur : _____

4/ une portière : _____

5/ un hôtel : _____

E/ Sujet de composition : Quel parfum de fleur aimez-vous ? Mettez-vous du parfum ou de l'eau de toilette ? Utilisez-vous de l'encens ou des essences d'huiles naturelles ? (Cinq phrases complètes minimum).

_____

_____

_____

_____

_____

_____

_____

_____

_____

_____

_____

_____

_____

CHAPITRE 29

A/ Répondez aux questions suivantes par des phrases complètes :

Paragraphe 1 :

1/ Où Charles-Henri attend-il Kimberly ?

_____

2/ Que fait Charles-Henri avec la serviette ?

_____

3/ Pourquoi Kimberly se regarde-t-elle dans la glace ?

_____

4/ Que donne Charles-Henri à Kimberly ?

_____

5/ Qui observe Charles-Henri et Kimberly ?

_____

Paragraphe 2 :

1/ Que fait Charles-Henri pour appeler le barman ?

_____

2/ Que pense Kimberly de Charles-Henri à ce moment-là ?

_____

3/ À votre avis, quelle opinion le barman a-t-il de Charles-Henri ?

_____

4/ Comment le barman montre-t-il qu'il est offensé ?

_____

5/ Que commande Charles-Henri ?

_____

Paragraphe 3 :

1/ De quelle manière le barman regarde-t-il Charles-Henri ?

_____

2/ Que fait Kimberly pour éviter une dispute entre Charles-Henri et le barman ?

_____

3/ Que fait le barman pour remercier Kimberly de son aide ?

_____

4/ Pourquoi Kimberly soupire-t-elle ?

_____

5/ Charles-Henri pense que le barman est désagréable ? A-t-il raison ? Pourquoi ?

_____

B/ Traduisez les phrases suivantes :

1/ Olivier knows everything there is to know about French cinema. 2/ This salesman is very unpleasant. 3/ Please bring me a bottle of sparkling water. 4/ She is very grateful for her friend's help. 5/ We've been waiting for an hour.

1/_____

2/_____

3/_____

4/_____

5/_____

C/ Entourez le mot qui n'a aucun lien avec les autres :

1/ hurler / chuchoter / marmonner / grommeler / bougonner
2/ un doigt / un orteil / une main / un pouce / un ongle
3/ intervenir / agir / contribuer / entreprendre / reculer
4/ impatient / désireux / résigné / empressé / avide
5/ avoir crainte / avoir de l'audace / avoir peur / avoir le trac / avoir la frousse

D/ Entourez la bonne réponse :

1/ Ce tableau est ancien et précieux. Il faut le nettoyer très _____ .
a/ rapidement   b/ facilement   c/ avec précaution   d/ fièrement

2/ Sarah n'aime pas les films d'horreur. Elle est trop _____ .
a/ sensible   b/ occupée   c/ gentille   d/ sensée

3/ Mes cousins se sont disputés pendant le dîner. Ils ont _____ notre fête.
a/ apprécié   b/ gâché   c/ animé   d/ organisé

4/ Elle ne s'entend pas avec ses parents alors l'atmosphère est toujours _____ .
a/ cordiale   b/ reconnaissante   c/ tendue   d/ prudente

5/ Notre gros chien est impressionnant mais n'ayez _____ , il n'est pas méchant.
a/ peur   b/ crainte   c/ inquiétude   d/ patience

E/ Sujet de composition : Quelles sont les caractérisiques d'un bon serveur ou d'une bonne serveuse dans un café ou dans un restaurant ? (Cinq phrases complètes minimum).

_____

_____

_____

_____

_____

_____

_____

_____

_____

_____

_____

_____

CHAPITRE 30

A/ Répondez aux questions suivantes par des phrases complètes :

Paragraphe 1 :

1/ Décrivez la voiture que conduit Charles-Henri.

_____

2/ Quelle voiture Charles-Henri possédait-il auparavant ? Pourquoi ne l'a-t-il plus ?

_____

3/ Quelle est la faiblesse de Charles-Henri ?

_____

4/ Pourquoi le voiturier dit à Kimberly qu'elle est généreuse ?

_____

5/ Que fait Charles-Henri pour montrer qu'il est impatient et énervé ?

_____

Paragraphe 2 :

1/ Que pense Kimberly de la voiture de Charles-Henri ?

_____

2/ Kimberly a-t-elle grandi dans un quartier aisé de Los Angeles ?

_____

3/ Comment Kimberly a-t-elle financé ses études ?

_____

4/ Charles-Henri est-il un excellent guide de Paris ? Expliquez pourquoi.

_____

5/ Pourquoi l'estomac de Kimberly gargouille-t-il ?

_____

Paragraphe 3 :

1/ Quel monument célèbre se trouve sur la place de l'Étoile ?

_____

2/ Pourquoi Kimberly a-t-elle les mains crispées sur son siège ?

_____

3/ Où Charles-Henri emmène-t-il Kimberly ?

_____

4/ Comment savez-vous que Charles-Henri est déjà venu dans ce restaurant ?

_____

5/ Combien de temps faut-il pour réserver une table dans ce restaurant ?

_____

B/ Traduisez les phrases suivantes :

1/ My grandparents grew up in Perpignan. 2/ My father drove around the neighborhood for more than ten minutes before finding a place to park. 3/ Marie got tired of painting, so now she's taking a pottery class. 4/ Rachid's mother is nervous because he hasn't called her. 5/ Caroline managed to find a job in under three days.

1/_____

2/_____

3/_____

4/_____

5/_____

C/ Trouvez la définition des mots suivants : a/ un voiturier b/ haut de gamme c/ des gargouillements d/ flambant neuve e/ l'angoisse :

1/ ____ : Le résultat d'une situation inquiétante. 2/ ____ : Les petits bruits de votre estomac quand vous avez faim. 3/ ____ : La catégorie des restaurants ou des hôtels de luxe. 4/ ____ : Un/une employé(e) qui gare les voitures pour les clients.
5/ _____ : Cela qualifie une voiture ou une moto qui vient d'être construite.

D/ Trouvez deux mots qui font partie de la même catégorie :

1/ un voiturier : _____

2/ un employé : _____

3/ un bonbon : _____

4/ une main : _____

5/ un boulevard : _____

E/ Sujet de composition : Donnez l'exemple d'une personnalité célèbre qui, selon vous « a la grosse tête ». (Cinq phrases complètes minimum).

_____

_____

_____

_____

_____

_____

_____

_____

_____

_____

_____

_____

_____

_____

CHAPITRE 31

A/ Répondez aux questions suivantes par des phrases complètes :

Paragraphe 1 :

1/ Que pense Kimberly de la décoration du restaurant ?

_____

2/ Comment Kimberly s'aperçoit-elle qu'il y a beaucoup de touristes étrangers ?

_____

3/ Qui sont les les clients célèbres qui viennent dans ce restaurant ?

_____

4/ Selon Kimberly, quelles sont les personnes qu'il oublie de mentionner ?

_____

5/ Comment réagit Charles-Henri à la question de Kimberly ? Et pourquoi ?

_____

Paragraphe 2 :

1/ Pourquoi Kimberly est-elle surprise quand elle découvre son entrée ?

_____

2/ Est-ce que c'est Kimberly qui a commandé ce plat ?

_____

3/ Pourquoi est-ce que Kimberly ne mange pas certains aliments ?

_____

4/ Quelle idée stéréotypée Charles-Henri a-t-il des Américaines ?

_____

5/ Comment savez-vous que Kimberly appréhende de goûter le foie gras ?

_____

Paragraphe 3 :

1/ Quelle est la réaction immédiate de Kimberly quand elle goûte le foie gras ?

_____

2/ Est-ce que Charles-Henri voit la réaction de Kimberly ? Pourquoi ?

_____

3/ Que fait Kimberly pour se débarrasser de ce qu'elle a dans la bouche ?

_____

4/ Pourquoi Charles-Henri prend-il la main de Kimberly dans la sienne ?

_____

5/ Que veut dire l'expression « rester sans voix » ?

_____

B/ Traduisez les phrases suivantes :

1/ I'd love to get a job overseas. 2/ A group of male and female politicians is having meeting in this hotel. 3/ French people often speak English with an accent. 4/ Patrons of this bar always leave generous tips. 5/ I'd like to order two entrees.

1 _____

2/_____

3/_____

4/_____

5/_____

C/ Trouvez deux mots qui font partie de la même catégorie :

1/ un restaurant : _____

2/ un habitué : _____

3/ une actrice : _____

4/ un morceau : _____

5/ un plat : _____

D/ Entourez la bonne réponse :

1/ « Paul, allez un peu de _____ . Saute dans la piscine. »
a/ joie   b/ tristesse   c/ courage   d/ gentillesse

2/ Paul a fait la _____ parce que le lait dans son verre n'était plus bon.
a/ cuisine   b/ vaisselle   c/ queue   d/ grimace

3/ Quand elle fait une soupe, elle n'achète que des _____ biologiques.
a/ légumes   b/ chaussures   c/ vins   d/ desserts

4/ Marie n'est jamais contente et change souvent d'avis. Elle est vraiment _____ .
a/ généreuse   b/ timide   c/ peureuse   d/ capricieuse

5/ Marc est au régime. Il mange une ____de jambon et une salade pour le déjeuner.
a/ tranche   b/ part   c/ portion   d/ casserole

E/ Sujet de composition : Quels aliments est-ce que vous n'aimez pas ou ne mangez pas ? Avez-vous des allergies ? (Cinq phrases complètes minimum).

_____

_____

_____

_____

_____

_____

_____

_____

_____

_____

_____

_____

CHAPITRE 32

A/ Répondez aux questions suivantes par des phrases complètes :

Paragraphe 1 :

1/ Qui a vu Kimberly jeter sa serviette ?

_____

2/ À votre avis, pourquoi cette personne vient-elle lui parler ?

_____

3/ Quel est le second plat que l'on vient servir à Kimberly ?

_____

4/ Pourquoi Charles-Henri a-t-il choisi ce plat ?

_____

5/ Charles-Henri remarque-t-il la réaction de Kimberly ? Pourquoi ?

_____

Paragraphe 2 :

1/ Que fait Kimberly du morceau de rognon qu'elle vient de couper ?

_____

2/ Quelle sensation ressent-elle à ce moment-là ?

_____

3/ Quelle expression physique trahit l'exaspération de Charles-Henri ?

_____

4/ Que devrait faire Kimberly pour comprendre la culture française ?

_____

5/ Pensez-vous que Charles-Henri aime les rognons ? Comment le savez-vous ?

_____

Paragraphe 3 :

1/ Qu'est-ce que Kimberly a commandé pour remplacer les rognons ?

_____

2/ Quelle est l'expression qui apparaît sur le visage de Charles-Henri ?

_____

3/ Qu'est-ce que Charles-Henri commande comme dessert pour Kimberly ?

_____

4/ De quelle réputation des Français Kimberly avait-elle entendu parler ?

_____

5/ De quoi Kimberly a-t-elle très envie une fois le repas terminé ?

_____

B/ Traduisez les phrases suivantes :

1/ This apartment has a brand-new hardwood floor. 2/ The two sisters like to cuddle before falling asleep. 3/ I heard that Benjamin is going to study in Japan. 4/ My sister wants to adopt the stray dog. 5/ We heard you were retiring soon.

1/_____

2/_____

3/_____

4/_____

5/_____

C/ Entourez le mot qui n'a aucun lien avec les autres :

1/ tatillon / difficile / sélectif / critique / arrangeant
2/ dédaigner / désirer / convoiter / vouloir / envier
3/ se délecter / apprécier / se régaler / détester / savourer
4/ un avocat / une mangue / une orange / une aubergine / un abricot
5/ déclencher / conclure / commencer / débuter / initier

D/ Entourez la bonne réponse :

1/ Avoir un coup de _____ pour quelqu'un est une sensation extraordinaire.
a/ pied   b/ foudre   c/ tête   d/ grâce

2/ Rachida prend le livre sur l'étagère et le ___ à la même place.
a/ déchire   b/ jette   c/ repose   d/ vend

3/ Ma sœur ajoute toujours des œufs _____ dans sa salade composée.
a/ durs   b/ sur le plat   c/ crus   d/ avariés

4/ J'aime parler avec ma mère parce qu'elle est très _____ d'esprit.
a/ entrouverte   b/ fermée   c/ ouverte   d/ fatiguée

5/ Bernard adopte les deux chatons qu'il a trouvés parce qu'il a _____ eux.
a/ pitié d'   b/ besoin d'   c/ peur d'   d/ honte d'

E/ Sujet de composition : Quelles sont les cuisines régionales ou internationales que vous aimez ? (Cinq phrases complètes minimum).

_____

_____

_____

_____

_____

_____

_____

_____

_____

_____

_____

_____

_____

CHAPITRE 33

A/ Répondez aux questions suivantes par des phrases complètes :

Paragraphe 1 :

1/ Quel cadeau Charles-Henri donne-t-il à Kimberly ? Pourquoi ?

_____

2/ Qui vient interrompre leur dîner ?

_____

3/ Que propose Charles-Henri à Kimberly pour se faire pardonner ?

_____

4/ Que fait Charles-Henri avec sa voiture pour impressionner Kimberly ?

_____

5/ Devant quel genre d'établissement Charles-Henri se gare-t-il ?

_____

Paragraphe 2 :

1/ Charles-Henri gare-t-il lui-même sa voiture ?

_____

2/ Charles-Henri et Kimberly vont-ils faire la queue comme tout le monde ?

_____

3/ Pourquoi Kimberly est-elle nerveuse quand ils arrivent devant les videurs ?

_____

4/ De quoi se plaint la personne qui interpelle Charles-Henri et Kimberly ?

_____

5/ Depuis combien de temps les gens attendent-ils pour entrer dans le club ?

_____

Paragraphe 3 :

1/ À votre avis, pourquoi les videurs sont-ils comparés à deux Hercules ?

_____

2/ Décrivez le caractère et l'attitude des videurs.

_____

3/ Que montre Charles-Henri aux deux videurs ?

_____

4/ Décrivez l'intérieur du club.

_____

5/ Charles-Henri et Kimberly restent-ils à côté du bar et de la piste de danse ?

_____

B/ Traduisez les phrases suivantes :

1/ We have to wait in line to buy movie tickets. 2/ Sarah just bought a convertible [car]. 3/ Amanda is getting ready to leave. 4/ Sophie got into an accident while driving her grandmother's car. 5/ Don't worry. I'll take you to your mother's house.

1/_____

2/_____

3/_____

4/_____

5/_____

C/ Choisissez les verbes qui conviennent et conjuguez-les au présent : pardonner, se confier à, s'impatienter, siffler, frimer :

1/ Le public _____ les mauvais joueurs de football. 2/ La sœur de Pierre lui _____ ses erreurs. 3/ Marie _____ devant toutes ses amies quand elle fait du shopping. 4/ Bernard a un caractère difficile parce qu'il _____ tout le temps. 5/ Sandra _____ à sa sœur quand elle a des soucis.

D/ Entourez la bonne réponse :

1/ Pour entrer dans cette boîte de nuit, il faut montrer sa carte d'identité au _____ .
a/ coiffeur   b/ barman   c/ chauffeur   d/ videur

2/ Si vous conduisez en été dans le sud de la France, louez une voiture _____ .
a/ en panne   b/ décapotable   c/ rouillée   d/ carbonisée

3/ Est-ce que tu préfères Sophie avec les _____ courts ou longs ?
a/ chevaux   b/ mèches   c/ nattes   d/ cheveux

4/ Les sirènes des véhicules de secours américains sont _____ .
a/ assourdissantes   b/ silencieuses   c/ éteintes   d/ discrètes

5/ Ne vous approchez pas de ce chien. Il _____ et pourrait vous mordre.
a/ dort   b/ grogne   c/ se gratte   d/ joue

E/ Sujet de composition : Qu'est-ce que le favoritisme ? Donnez deux exemples. (Cinq phrases complètes minimum).

_____

_____

_____

_____

_____

_____

_____

_____

_____

_____

_____

CHAPITRE 34

A/ Répondez aux questions suivantes par des phrases complètes :

Paragraphe 1 :

1/ Charles-Henri et Kimberly vont-ils rester seuls dans le club ?

2/ Donnez un exemple qui illustre l'expression : « faire son intéressant ».

3/ Kimberly sort-elle souvent avec ses amies dans des clubs à Los Angeles ?

4/ Comment Kimberly préfère-t-elle passer ses soirées ?

5/ Que s'imagine Kimberly quand les trois femmes embrassent Charles-Henri ?

Paragraphe 2 :

1/ De quelle manière Charles-Henri présente-t-il Kimberly à ses amis ?

2/ Qu'est-ce que fait le premier jeune homme qui choque Kimberly ?

3/ Que dit Charles-Henri à son copain quand il voit ce qu'il veut faire ?

4/ Où Charles-Henri fait-il asseoir Kimberly ?

5/ Quelle expression française utilise-t-on lorsque l'on porte un toast ?

Paragraphe 3 :

1/ Qui vient retrouver Charles-Henri et Kimberly pendant toute la soirée ?

_____

2/ Pourquoi Kimberly boit-elle du champagne aussi facilement que du soda ?

_____

3/ Quels sont les effets du champagne sur Kimberly ?

_____

4/ Que pense Kimberly de la musique que joue le DJ ?

_____

5/ À la fin de la soirée, Kimberly est-elle toujours aussi timide ?

_____

B/ Traduisez les phrases suivantes :

1/ We played Monopoly the whole evening. 2/ Martin likes to show off whenever he buys a new car. 3/ The mother makes the child sit at the table. 4/ Selena gets dizzy when she stands up too fast. 5/ I can't study when there's too much noise.

1/ _____ .

2/ _____ .

3/ _____ .

4/ _____ .

5/ _____ .

C/ Reconstituez les mots suivants :

1/ Elles rendent certaines boissons pétillantes : LSUBEL : _____

2/ Quand on reste enfermé chez soi : CROTÉÎL : _____

3/ Un synonyme familier de camarade : EPTO : _____

4/ Un mot que les amoureux affectionnent beaucoup : (E)HIRCÉ : _____

5/ On le mange en gâteau, en glace ou en tablette : TOCAHOCL : _____

D/ Entourez la bonne réponse :

1/ Ma sœur est brillante. Elle a fini son exercice de mathématiques _____ .
a/ lentement   b/ distraitement   c/ difficilement   d/ en un rien de temps

2/ Les tisanes sont des _____ excellentes pour la santé.
a/ boissons   b/ plats   c/ aliments   d/ desserts

3/ Les invités se sont beaucoup amusés et ont fait _____ toute la nuit.
a/ la tête   b/ la fête   c/ la vaisselle   d/ de l'auto-stop

4/ Les fans _____ le chanteur et lui ont demandé des autographes.
a/ ont perdu   b/ ont sifflé   c/ ont hué   d/ ont applaudi

5/ Pendant le procès, le juge a obligé le public à _____ ses réactions.
a/ encourager   b/ augmenter   c/ réfréner   d/ libérer

E/ Sujet de composition : Qu'aimez-vous faire pendant vos loisirs ? Allez-vous au cinéma ? Assistez-vous à des matchs ? (Cinq phrases complètes minimum).

_____

_____

_____

_____

_____

_____

_____

_____

_____

_____

_____

CHAPITRE 35

A/ Répondez aux questions suivantes par des phrases complètes :

Paragraphe 1 :

1/ Qu'est-ce qui réveille Kimberly ?

_____

2/ Comment réagit Kimberly quand elle ne reconnaît pas sa chambre d'hôtel ?

_____

3/ Pourquoi Kimberly doit-elle se lever doucement ?

_____

4/ Quels indices vous indiquent que la pièce est en désordre ?

_____

5/ Kimberly se souvient-elle de tout ce qui s'est passé la nuit précédente ?

_____

Paragraphe 2 :

1/ Quelle opinion Kimberly a-t-elle d'elle-même ?

_____

2/ Que cherche-t-elle partout ?

_____

3/ Que découvre-t-elle quand elle ouvre les portes des chambres ?

_____

4/ Où se trouvaient son sac et son portefeuille ?

_____

5/ Dans quel état est son portable ?

_____

Paragraphe 3 :

1/ Que se passe-t-il dès que Kimberly téléphone à Marcel ?

_____

2/ Que fait Kimberly qui prouve qu'elle est très nerveuse et inquiète ?

_____

3/ Pourquoi Marcel n'arrive-t-il pas à comprendre ce que lui dit Kimberly ?

_____

4/ Comment Kimberly pense-t-elle pouvoir trouver l'adresse de l'appartement ?

_____

5/ Kimberly réussit-elle à dire à Marcel où elle se trouve ?

_____

B/ Traduisez les phrases suivantes :

1/ I don't like his behavior because he's being too aggressive. 2/ Mark is still working on his project. 3/ This swimming pool is too deep, and it could be dangerous. 4/ The toddler stepped on the cat's tail. 5/ She just lost her keys again.

1/_____

2/_____

3/_____

4/_____

5/_____

C/ Entourez le mot qui n'a aucun lien avec les autres :

1/ une moquette / un tapis / un paillasson / une tapisserie / un tableau
2/ coudre / arracher / extraire/ extirper / détacher
3/ épuisé / fatigué / vigoureux / exténué / abattu
4/ pourri / intact / gâté / avarié / détérioré
5/ perdu / égaré / disparu / éloigné / découvert

D/ Entourez la bonne réponse :

1/ Si une personne reste trop longtemps au soleil, elle risque de _____ .
a/ fondre   b/ s'évanouir   c/ rôtir   d/ s'abstenir

2/ Recyclez ces trois verres en cristal parce qu'ils sont _____ .
a/ empilés   b/ remplis   c/ vidés   d/ fêlés

3/ Marc, décrochez, vous avez un _____ de votre nouveau client japonais.
a/ appel   b/ cadeau   c/ signe   d/ email

4/ Si vous arrêtez de mettre du bois dans la cheminée, le feu va _____ .
a/ se propager   b/ s'allumer   c/ s'enfuir   d/ s'éteindre

5/ Je pars faire des courses. Tu peux _____ ma liste pour voir si je n'ai rien oublié.
a/ jeter un œil à   b/ déchirer   c/ effacer   d/ remplacer

E/ Sujet de composition : Donnez des exemples de situations où avoir la batterie de son portable déchargée est dangereuse ? (Cinq phrases complètes minimum).

_____

_____

_____

_____

_____

_____

_____

_____

_____

_____

_____

CHAPITRE 36

A/ Répondez aux questions suivantes par des phrases complètes :

Paragraphe 1 :

1/ Quelle est l'attitude de l'inconnu vis-à-vis de Kimberly ?

_____

2/ Qu'est-ce qui s'affiche sur l'écran du portable de Kimberly ?

_____

3/ Comment réagit Marcel quand son appel avec Kimberly se coupe brusquement ?

_____

4/ Où se trouve Marcel quand Kimberly l'appelle ?

_____

5/ Que fait Marcel avant de sortir précipitamment du café ?

_____

Paragraphe 2 :

1/ Qu'est-ce qui trahit l'impatience de Marcel ?

_____

2/ Que se passe-t-il quand Marcel compose plusieurs fois le numéro de Kimberly ?

_____

3/ Selon Marcel, qu'est-ce qu'il aurait dû faire ? Pourquoi est-il en colère ?

_____

4/ À qui Marcel téléphone-t-il pour essayer d'avoir des nouvelles de Kimberly ?

_____

5/ Quelles instructions Marcel donne-t-il à Rachida si Kimberly la contacte ?

_____

Paragraphe 3 :

1/ Pourquoi Kimberly pense-t-elle qu'elle a été naïve et stupide ?

_____

2/ Que pensait-elle à propos du champagne ?

_____

3/ Comment se sent Kimberly ? Quels sont ses symptômes ?

_____

4/ Que fait-elle avant de quitter cet appartement ?

_____

5/ Pourquoi Kimberly noue-t-elle un foulard autour de son cou ?

_____

B/ Traduisez les phrases suivantes :

1/ Amelia won several tennis matches in a row. 2/ I finally found my car keys. They were at the bottom of the glove compartment. 3/ She will be very happy when she reads John's new project. 4/ Fatima brushes her hair for twenty minutes each day. 5/ We tried to show the bouncer our IDs, but he turned his back on us.

1/_____

2/_____

3/_____

4/_____

5/_____

C/ Trouvez la définition des mots suivants : a/ une queue de cheval b/ une soucoupe c/ une messagerie d/ avoir la nausée e/ ronfler.

1/ _____ : Certaines personnes le font quand elles dorment. 2/ _____ : Un service téléphonique très utile. 3/ _____ : Une coiffure pratique pour faire du sport. 4/ _____ : Elle accompagne la tasse pour protéger la table. 5/ _____ : Une réaction physique désagréable qui peut arriver quand on voyage en bateau.

D/ Entourez le mot qui n'a aucun lien avec les autres :

1/ se rendormir / s'assoupir / se réveiller / somnoler / s'engourdir
2/ nouer / attacher / lier / accrocher / libérer
3/ précipitamment / rapidement / lentement / brusquement / soudainement
4/ avaler / manger / mâcher / éternuer / mordre
5/ la figure / la hanche / le visage / la tête / le front

E/ Sujet de composition : Quelles sont vos occupations quand vous rentrez de l'université ou de votre travail ? (Cinq phrases complètes minimum).

_____

_____

_____

_____

_____

_____

_____

_____

_____

_____

_____

_____

_____

_____

CHAPITRE 37

A/ Répondez aux questions suivantes par des phrases complètes :

Paragraphe 1 :

1/ Que se passe-t-il quand Rachida frappe à la porte de la chambre de Kimberly ?

_____

2/ Comment Rachida réussit-elle à entrer dans la chambre de Kimberly ?

_____

3/ Qui se tient derrière Rachida ? Qu'apporte-t-il ?

_____

4/ Quels plats sont posés sur la table ?

_____

5/ Quelle est la réaction de Kimberly quand elle voit Rachida dans sa chambre ?

_____

Paragraphe 2 :

1/ Qu'avait mis Kimberly à la poignée de la porte ?

_____

2/ Pourquoi Rachida et Marcel étaient-ils inquiets quand ils ont vu Kimberly ?

_____

3/ À quel moment Rachida a-t-elle décidé de vérifier si Kimberly allait bien ?

_____

4/ Comment se sent Kimberly une fois réveillée ?

_____

5/ Pensez-vous qu'elle va manger son petit-déjeuner qui l'attend ?

_____

Paragraphe 3 :

1/ Pourquoi Rachida doit-elle répondre au téléphone ?

_____

2/ Que fait Kimberly pendant qu'elle déguste son petit-déjeuner ?

_____

3/ Quelles chaînes de télévision Kimberly regarde-t-elle ?

_____

4/ Que mange quand même Kimberly bien qu'elle n'ait plus faim ?

_____

5/ Que regarde Kimberly après le dernier défilé féminin ?

_____

B/ Traduisez les phrases suivantes :

1/ Antoine is always famished after working out. 2/ Siri gave her mother a beautiful necklace. 3/ The children love eating spicy food. 4/ We traveled for one month in India. 5/ To make jam, you need ripe fruits and sugar.

1/_____

2/_____

3/_____

4/_____

5/_____

C/ Trouvez le contraire des mots suivants :

1/ remplir : _____

2/ malade : _____

3/ frapper : _____

4/ fermer : _____

5/ répondre : _____

D/ Entourez la bonne réponse :

1/ J'ai participé à un marathon hier et j'ai des _____ sur tout le corps.
a/ médailles   b/ courbatures   c/ boutons   d/ allergies

2/ Le _____ de cette usine est très généreux avec ses employés.
a/ maître d'hôtel   b/ cuisinier   c/ patron   d/ comptable

3/ Cette boulangerie a la réputation de faire le pain le plus _____ de Paris.
a/ rassis   b/ brûlé   c/ croustillant   d/ congelé

4/ J'ai mal à l'estomac. Il faut que je prenne _____ avant d'aller me coucher.
a/ un cachet   b/ un whisky   c/ un grain   d/ un bouchon

5/ Il faut appuyer fort sur la _____ pour ouvrir cette vieille porte.
a/ sonnette   b/ serrure   c/ charnière   d/ poignée

E/ Sujet de composition : Quels sont vos programmes de télévision préférés (séries fantastiques, policières, etc.) ? (Cinq phrases complètes minimum).

_____

_____

_____

_____

_____

_____

_____

_____

_____

_____

_____

CHAPITRE 38

A/ Répondez aux questions suivantes par des phrases complètes :

Paragraphe 1 :

1/ Donnez deux exemples de couleurs printanières et hivernales.

_____

2/ Quelle est la réaction de Kimberly quand elle regarde le défilé ?

_____

3/ Pourquoi saisit-elle la télécommande aussi rapidement ?

_____

4/ Où se place Kimberly pour mieux voir l'écran ?

_____

5/ Pourquoi n'arrive-t-elle pas à savoir si le mannequin est vraiment Théo ?

_____

Paragraphe 2 :

1/ Que boit Kimberly avec son petit-déjeuner ?

_____

2/ Quel serait un signe du destin que Kimberly accepterait avec joie ?

_____

3/ Qui appelle Kimberly au moment où elle regarde le défilé ?

_____

4/ Qu'est-ce qui a failli arriver à Kimberly quand elle reconnaît Théo ?

_____

5/ Quelle est sa réaction impulsive à la fin du paragraphe ?

_____

Paragraphe 3 :

1/ Comment Rachida peut-elle aider Kimberly ?

_____

2/ Que décide Kimberly après avoir téléphoné à Rachida ?

_____

3/ Quelles sont les caractéristiques des deux parfums de Kimberly ?

_____

4/ Pourquoi Kimberly fait-elle autant attention à sa manière de s'habiller ?

_____

5/ Que veut dire la phrase : "Terminé Charles-Henri. Bonjour Théo." ?

_____

B/ Traduisez les phrases suivantes :

1/ Sylvia's father passed away yesterday. 2/ The frog leaped away when we tried to catch it. 3/ My sister wants to buy black stilettos for the gala. 4/ The waiter poured four glasses of wine. 5/ The workers stand in front of the entrance to the factory.

1/_____

2/_____

3/_____

4/_____

5/_____

C/ Trouvez la définition des mots suivants : a/ épicée b/ la télécommande
c/ fouiller d/ la veste e/ estival :

1/ ____ : Un adjectif pour la période entre juin et septembre. 2/ ___ : Elle vous permet de changer les chaînes de la télévision. 3/ ____ : Le douanier le fait quand il cherche dans les bagages. 4/ ____ : Elle accompagne le pantalon quand on porte un costume. 5/ _____: Une caractéristique de la cuisine thaïlandaise ou indienne.

D/ Entourez la bonne réponse :

1/ Daniel s'occupe bien de sa mère. Il est toujours très _____.
a/ débordé   b/ distrait   c/ attentionné   d/ déprimé

2/ Cette femme est brillante. Elle fait une carrière _____ aux États-Unis.
a/ éblouissante   b/ désastreuse   c/ naissante   d/ paresseuse

3/ Tu devrais acheter cette chemise parce qu'elle est _____ à ton pantalon.
a/ déchirée   b/ trouée   c/ assortie   d/ démodée

4/ L'enfant ne voulait pas rentrer chez lui alors il _____ dans le magasin de jeux.
a/ s'est attardé   b/ s'est inquiété   c/ s'est demandé   d/ s'est intoxiqué

5/ La jeune femme ne sait pas quelle _____ choisir pour la cérémonie de dimanche.
a/ tenue   b/ nuisette   c/ chaussette   d/ salopette

E/ Sujet de composition : Dans quelles circonstances une personne peut-elle « tomber dans les pommes ». (Cinq phrases complètes minimum).

_____

_____

_____

_____

_____

_____

_____

_____

_____

_____

_____

_____

CHAPITRE 39

A/ Répondez aux questions suivantes par des phrases complètes :

Paragraphe 1 :

1/ Que fait Marcel quand il voit Kimberly sortir rapidement de l'hôtel ?

_____

2/ Quelle est l'attitude de Kimberly quand elle monte dans la voiture ?

_____

3/ Marcel croit-il vraiment que Kimberly a rendez-vous avec James Bond ?

_____

4/ Kimberly apprécie-t-elle l'humour de Marcel ?

_____

5/ Où Kimberly demande-t-elle à Marcel de la conduire ?

_____

Paragraphe 2 :

1/ Que fait Kimberly dans la voiture pendant que Marcel conduit ?

_____

2/ Que vient faire la foule animée qui se trouve devant le musée ?

_____

3/ Pourquoi Marcel ne peut-il pas conduire plus loin ?

_____

4/ Comment réagit Kimberly quand elle se rend compte que la voiture est arrêtée ?

_____

5/ Que veut faire Kimberly pour essayer d'arriver plus rapidement ?

_____

Paragraphe 3 :

1/ Pourquoi Kimberly veut-elle absolument descendre ?

_____

2/ Quelle action soudaine trahit l'impatience de Kimberly ?

_____

3/ Pourquoi Marcel est-il soudain si en colère ?

_____

4/ Est-il facile d'entrer dans le musée ? Pourquoi ?

_____

5/ Qui a organisé le rendez-vous entre Kimberly et Théo ?

_____

B/ Traduisez les phrases suivantes :

1/ Marc forgot his wallet at home and went back to get it. 2/ She's in a hurry to get to the airport. 3/ The city of Paris organized fireworks yesterday. 4/ My sister went to buy some eye shadow. 5/ The blue sedan is moving faster than the other cars.

1/_____

2/_____

3/_____

4/_____

5/_____

C/ Entourez le mot qui n'a aucun lien avec les autres :

1/ un dictionnaire / un appareil-photo / une caméra / un objectif / un trépied
2/ être pressé / se hâter / ralentir / se précipiter / s'empresser
3/ bavarder / se taire / discuter / parler / argumenter
4/ à toute vitesse / sans délai / vivement / en un rien de temps / lentement
5/ se faufiler / se glisser / se frayer un chemin / reculer / s'infiltrer

D/ Entourez la bonne réponse :

1/ Il y a quelque chose sur la route. _____ pour voir ce que c'est.
a/ Rassure-toi   b/ Rapproche-toi   c/ Détends-toi   d/ Explique-toi

2/ Quand des soldats rencontrent un général, ils se mettent au garde à _____ .
a/ eux   b/ soi   c/ leur   d/ vous

3/ Laure est très pale. Elle devrait se mettre du _____ pour avoir meilleure mine.
a/ déodorant   b/ parfum   c/ fond de teint   d/ vernis à ongles

4/ Ce quartier est dangereux alors le supermarché vient d'engager un _____ .
a/ cuisinier   b/ animateur   c/ vigile   d/ balayeur

5/ Dès que Julie a reçu la mauvaise nouvelle, elle est partie _____ .
a/ en trombe   b/ en vacances   c/ au cinéma   d/ faire des courses

E/ Sujet de composition : Nommez trois monuments historiques parisiens construits à des siècles différents. (Cinq phrases complètes minimum).

_____

_____

_____

_____

_____

_____

_____

_____

_____

_____

_____

_____

_____

CHAPITRE 40

A/ Répondez aux questions suivantes par des phrases complètes :

Paragraphe 1 :

1/ Qu'est-ce qui a charmé Kimberly quand elle a rencontré Théo ?

_____

2/ Quand Théo propose-t-il à Kimberly de la rencontrer ?

_____

3/ Comment Théo décrit-il « passer une soirée d'enfer » à Kimberly ?

_____

4/ Qu'est-ce que Kimberly avait toujours souhaité qui lui arrive dans la vie ?

_____

5/ Pourquoi ce voyage à Paris est-il une surprise pour Kimberly ?

_____

_____

Paragraphe 2 :

1/ Que fait le vigile à l'entrée du musée quand Kimberly lui montre son portable ?

_____

2/ Que doit faire Kimberly pour qu'on la laisse entrer ?

_____

3/ Pourquoi le public et les curieux peuvent-ils s'imaginer que Kimberly est célèbre ?

_____

4/ Pourquoi Kimberly décide-t-elle d'aller s'installer au bar ?

_____

5/ Dans quel état d'esprit est Kimberly dès qu'elle aperçoit Théo ?

_____

_____

Paragraphe 3 :

1/ Que pense Kimberly des vêtements que portent Théo ?

_____

2/ Théo accepte-t-il de prendre un apéritif avec Kimberly ? Pourquoi ?

_____

3/ Quelle boisson Kimberly a-t-elle commandée ?

_____

4/ Que fait Kimberly avec les glaçons ?

_____

5/ Comment Théo paie-t-il l'addition de la boisson de Kimberly ?

_____

B/ Traduisez les phrases suivantes :

1/ Let's go to the movies if you don't have any plans. 2/ Don't forget to use coasters when serving drinks. 3/ Anne would love to see you again. 4/ That customer left without paying the bill. 5/ She was the most successful singer of her generation.

1/ _____ .

2/ _____ .

3/ _____ .

4/ _____ .

5/ _____ .

C/ Trouvez deux mots qui font partie de la même catégorie :

1/ une soirée : _____

2/ une barbe : _____

3/ la glace : _____

4/ costaud : _____

5/ un cocktail : _____

D/ Entourez la bonne réponse :

1/ L'histoire de ce film d'horreur était _____ parce qu'il y avait beaucoup d'action.
a/ ennuyeuse   b/ palpitante   c/ paisible   d/ décontractante

2/ Cécile regarde la télévision d'un air _____ parce qu'elle trouve le film ennuyeux.
a/ grave   b/ angoissé   c/ joyeux   d/ détaché

3/ Trois plus cinq et quatre plus quatre, c'est _____ .
a/ différent   b/ approximatif   c/ inégal   d/ pareil

4/ Les policiers ont réussi à garder leur _____ pendant la prise d'otages.
a/ sang-froid   b/ sang chaud   c/ sang tiède   d/ sang glacé

5/ Marco ne veut pas voyager avec nous. _____, il le regrettera plus tard.
a/ Laisse marcher   b/ Laisse dormir   c/ Laisse tomber   d/ Laisse digérer

E/ Sujet de composition : Qui sont vos chanteurs/chanteuses favori(te)s ? Qu'aimez-vous chez eux ? (Cinq phrases complètes minimum).

_____

_____

_____

_____

_____

_____

_____

_____

_____

_____

_____

_____

CHAPITRE 41

A/ Répondez aux questions suivantes par des phrases complètes :

Paragraphe 1 :

1/ Quelle est la réaction de Kimberly quand elle voit la moto de Théo ?

_____

2/ Comment Théo aide-t-il Kimberly à se préparer pour faire cette balade à moto ?

_____

3/ Que donne Théo à Kimberly pour qu'elle ait chaud ?

_____

4/ Kimberly a-t-elle peur de faire de la moto ? Pourquoi ?

_____

5/ Que suggère Théo à Kimberly pour la rassurer ?

_____

Paragraphe 2 :

1/ Pourquoi Kimberly a-t-elle des difficultés à monter sur la moto ?

_____

2/ De quelle manière Théo aide-t-il Kimberly à le faire ?

_____

3/ Pourquoi Kimberly se serre-t-elle contre lui ?

_____

4/ Qui suit discrètement la moto de Théo en voiture ?

_____

5/ Que remarque Kimberly quand elle se cramponne à Théo ?

_____

Paragraphe 3 :

1/ Où Kimberly et Théo finissent-ils leur balade à moto ?

_____

2/ Que leur sert-on à manger et à boire sur la terrasse ?

_____

3/ Que demande Théo à Kimberly pendant qu'ils écoutent de la musique de fond ?

_____

4/ De quoi Théo était-il sûr à propos de sa rencontre avec Kimberly ?

_____

5/ À votre avis, pourquoi Kimberly a-t-elle les joues en feu ?

_____

B/ Traduisez les phrases suivantes :

1/ It's dangerous to skateboard without wearing a helmet. 2/ We passed our exams. 3/ Michelle gets goose bumps every time she watches a horror movie. 4/ There's often background music playing in this cafe. 5/ Stop looking for your scarf.

1/_____

2/_____

3/_____

4/_____

5/_____

C/ Reconstituez les mots suivants pour les faire correspondre à leurs définitions :

1/ On le porte sous la veste d'un costume : TIGLE : _____

2/ Des réactions physiques quand il fait froid : SISFFRONS : _____

3/ Le vêtement préféré des amoureux de la moto : SOLUNOB : _____

4/ Elle permet d'emporter des affaires sur une moto : CASCHOE : _____

5/ Un synonyme d'apprécier ou de se délecter : RASERUVO : _____

D/ Entourez la bonne réponse :

1/ Sophie va _____ à intégrer l'université de son choix.
a/ hésiter   b/ parvenir   c/ renoncer   d/ tarder

2/ Je ne veux pas utiliser ce vélo parce que la _____ est trop dure et inconfortable.
a/ selle   b/ sacoche   c/ vitesse   d/ pédale

3/ Tu devrais dîner dans ce restaurant. Le chef est _____ dans le monde entier.
a/ critiqué   b/ inconnu   c/ renommé   d/ peureux

4/ Nous avons visité le Grand Canyon. C'est un spectacle _____ .
a/ ordinaire   b/ époustouflant   c/ inquiétant   d/ démodé

5/ Il y a beaucoup de turbulences dans ce petit avion. Il faut bien _____ .
a/ se lever   b/ se disputer   c/ se cramponner   d/ se baigner

E/ Sujet de composition : Que feriez-vous pour prouver à la personne que vous aimez que vous êtes romantique ? (Cinq phrases complètes minimum).

_____

_____

_____

_____

_____

_____

_____

_____

_____

_____

_____

_____

CHAPITRE 42

A/ Répondez aux questions suivantes par des phrases complètes :

Paragraphe 1 :

1/ Pourquoi la Butte Montmartre est-elle un endroit touristique célèbre ?

_____

2/ Qu'utilise Marcel pour mieux observer Kimberly et Théo ?

_____

3/ Quelle est l'attitude de Marcel quand il voit Kimberly avec Théo ?

_____

4/ Pourquoi Marcel téléphone-t-il à la société de limousine ?

_____

5/ Quelle décision prise par Marcel révèle sa frustration ?

_____

Paragraphe 2 :

1/ Qui appelle Kimberly une fois qu'elle est rentrée à l'hôtel ?

_____

2/ Quelle expression Kimberly utilise-t-elle pour décrire ses sentiments ?

_____

3/ Julie est-elle aussi enthousiaste que Kimberly à propos de Théo ?

_____

4/ Que pourrait-il arriver à Kimberly si elle restait plus longtemps à Paris ?

_____

5/ Quelle décision Kimberly pourrait-elle prendre pour vivre son histoire d'amour ?

_____

Paragraphe 3 :

1/ Où Kimberly et Théo vont-ils passer l'après-midi ?

_____

2/ Dans quelle sorte de boutique Théo emmène-t-il Kimberly ?

_____

3/ Avec qui Kimberly parle-t-elle pendant sa visite ?

_____

4/ Que fait Kimberly devant le miroir ? Et pourquoi ?

_____

5/ À votre avis, comment doit s'habiller Kimberly quand elle est à Los Angeles ?

_____

B/ Traduisez les phrases suivantes :

1/ Nissa is going to marry the love of her life. 2/ Many restaurants in Hollywood have a private entrance for famous people. 3/ Watch out! The floor is very slippery. 4/ They will go hiking on their day off. 5/ Alain resigned from his job.

1/_____

2/_____

3/_____

4/_____

5/_____

C/ Trouvez la définition des mots suivants : a/ éteindre b/ dingue c/ des jumelles d/ une ouvrière e/ se pavaner :

1/ _____ : Elles vous permettent de voir de beaucoup plus près. 2/ _____ : Une femme qui travaille dans une usine. 3/ _____ : Un synonyme de fou ou excentrique. 4/ _____ : Une manière arrogante et fière de se montrer ou de marcher. 5/ _____ : Le contraire d'allumer une lampe ou la télévision.

D/ Entourez la bonne réponse :

1/ Karine _____ de son fiancé. Il vient de lui offrir une bague de mariage.
a/ est fatiguée   b/ est folle   c/ a honte   d/ a peur

2/ S'il y a un trou dans ton pantalon, la _____ va te le recoudre.
a/ boulangère   b/ couturière   c/ crémière   d/ charcutière

3/ Je ne suis pas sûre que ce pantalon m'aille. Je vais l'essayer dans la cabine___ .
a/ d'essayage   b/ de triage   c/ de réglage   d/ de pilotage

4/ Elle est _____ parce qu'elle n'arrive pas à réserver son billet d'avion sur internet.
a/ inventive   b/ rêveuse   c/ bruyante   d/ énervée

5/ Mario a reçu un tweet de son actrice préférée et il est au _____ .
a/ 7ème ciel   b/ 7ème nuage   c/ 7ème orage   d/ 7ème tonnerre

E/ Sujet de composition : Vous intéressez-vous à la mode ? Quels vêtements aimez-vous porter ? (Cinq phrases complètes minimum).

_____

_____

_____

_____

_____

_____

_____

_____

_____

_____

_____

_____

CHAPITRE 43

A/ Répondez aux questions suivantes par des phrases complètes :

Paragraphe 1 :

1/ Qui vient prévenir Rachida que Kimberly n'est pas rentrée dans sa chambre ?

_____

2/ Quel indice confirme cette situation ?

_____

3/ Depuis combien de temps Kimberly n'est-elle pas rentrée ?

_____

4/ Quelle est la réaction de Marcel quand Rachida lui téléphone ?

_____

5/ Où et avec qui se trouve Kimberly au moment où Rachida l'appelle ?

_____

Paragraphe 2 :

1/ Où Marcel attend-il Kimberly après avoir repris son travail ?

_____

2/ Après son absence, quels sont les sentiments de Marcel envers Kimberly ?

_____

3/ Est-ce que Kimberly pense qu'elle a encore besoin d'aide pour découvrir Paris ?

_____

4/ Pourquoi Marcel doit-il conduire Kimberly à la boutique de mode ?

_____

5/ Pourquoi Kimberly veut-elle rentrer rapidement à son hôtel ?

_____

Paragraphe 3 :

1/ Que veut dire Marcel quand il explique à Kimberly qu'il est un « as du volant » ?

_____

2/ Quelle est l'atmosphère dans la voiture pendant le trajet ?

_____

3/ Où la voiture s'arrête-t-elle ?

_____

4/ Pourquoi Kimberly veut-elle descendre de la voiture ?

_____

5/ Qui est la personne que Marcel veut montrer à Kimberly ?

_____

B/ Traduisez les phrases suivantes :

1/ She got sick after just one sip of this really bad wine. 2/ The hotel will hire several new housekeepers. 3/ Barbara and Kevin can't afford their lavish lifestyle anymore. 4/ Isadora calls her little sister every day because she misses her so much. 5/ The house we rented has an unobstructed view of the beach.

1/_____

2/_____

3/_____

4/_____

5/_____

C/ Trouvez deux synonymes pour les mots suivants :

1/ seul : _____

2/ consulter : _____

3/ avoir envie de : _____

4/ démarrer : _____

5/ poireauter : _____

D/ Entourez le mot qui n'a aucun lien avec les autres :

1/ perturber / déranger / embêter / bouleverser / remercier
2/ majestueux / prestigieux / laid / magnifique / merveilleux
3/ signaler / surprendre / avertir / appeler / alerter
4/ une nuée / une armée / une horde / une pénurie / une multitude
5/ après / avant / auparavant / anciennement / antérieurement

E/ Sujet de composition : Quelle région de France est réputée pour ses châteaux de la Renaissance ? Nommez-en quelques-uns. (Cinq phrases complètes minimum).

_____

_____

_____

_____

_____

_____

_____

_____

_____

_____

_____

_____

_____

_____

_____

CHAPITRE 44

A/ Répondez aux questions suivantes par des phrases complètes :

Paragraphe 1 :

1/ À votre avis, qui est la femme qui accompagne Théo ?

_____

2/ Devant quel bâtiment le couple attend-il ?

_____

3/ Pourquoi la scène est-elle si choquante pour Kimberly ?

_____

4/ Comment Marcel justifie-t-il le fait d'avoir amené Kimberly devant cette école ?

_____

5/ À votre avis, pourquoi Kimberly n'est-elle pas en colère contre Marcel ?

_____

Paragraphe 2 :

1/ Quelle est l'attitude de Kimberly envers Rachida quand elle arrive à l'hôtel ?

_____

2/ Kimberly est-elle toujours aussi sensible et émotive ?

_____

3/ Pourquoi Marcel est-il inquiet quand il va voir Rachida dans son bureau ?

_____

4/ Comment Rachida a-t-elle découvert que Théo était marié et avait des enfants ?

_____

5/ Que pense Kimberly du conseil que lui avait donné Julie ?

_____

Paragraphe 3 :

1/ Qui envoie un SMS à Kimberly pour lui offrir son soutien ?

_____

2/ À quoi pense Kimberly pendant qu'elle boit un jus d'orange sur le balcon ?

_____

3/ Selon Julie, quelle est la faiblesse de Kimberly avec les hommes ?

_____

4/ Pourquoi Théo envoie-t-il beaucoup de SMS à Kimberly ?

_____

5/ À votre avis, la réponse de Kimberly est-elle sincère ou sarcastique ?

_____

B/ Traduisez les phrases suivantes :

1/ Caroline got lost last night. 2/ An act of kindness is always rewarded. 3/ The thieves started to run when they heard the police siren. 4/ We have no reason to distrust these French lawyers. 5/ The customers have been standing for an hour.

1/ _____ .

2/ _____ .

3/ _____ .

4/ _____ .

5/ _____ .

C/ Reconstituez les mots suivants :

1/ Une personne qui croit tout ce qu'on lui dit : ÉRCUDEL : _____

2/ Un sentiment de désespoir ou de chagrin : SIRTSETSE : _____

3/ On le dit d'un chien méchant ou agressif : EROFCÉ : _____

4/ Faire disparaître un liquide par évaporation : CRÉHSE : _____

5/ Une personne dans un état d'agacement profond : XEDÉCÉE : _____

D/ Entourez la bonne réponse :

1/ Sandra n'aime pas les films violents parce qu'elle est très _____ .
a/ discrète   b/ émotive   c/ impatiente   d/ paresseuse

2/ Jean veut _____ de la méchanceté de ses voisins jaloux.
a/ se venger   b/ se régaler   c/ s'enthousiasmer   d/ se défaire

3/ Quand ma mère a appris la mauvaise nouvelle, elle _____ en sanglots.
a/ a fondu   b/ a explosé   c/ est tombée   d/ a éclaté

4/ Mon frère dit toujours la _____ . Il est vraiment très honnête.
a/ franchise   b/ curiosité   c/ vérité   d/ dévotion

5/ Le client est parti en colère et _____ la porte derrière lui.
a/ a ouvert   b/ a claqué   c/ a transporté   d/ a réparé

E/ Sujet de composition : Utilisez-vous des émoticônes (emojis) ? Lesquels sont les plus agaçants, les plus drôles pour vous ? (Cinq phrases complètes minimum).

_____

_____

_____

_____

_____

_____

_____

_____

_____

_____

_____

CHAPITRE 45

A/ Répondez aux questions suivantes par des phrases complètes :

Paragraphe 1 :

1/ Que fait Kimberly de son téléphone ?

_____

2/ De quelle manière Kimberly essaie-t-elle d'oublier sa nouvelle déception ?

_____

3/ Que prend Kimberly pour l'aider à s'endormir ?

_____

4/ Pourquoi le rêve que fait Kimberly est-il un cauchemar ?

_____

5/ Dans quel état se trouve Kimberly quand elle se réveille ?

_____

Paragraphe 2 :

1/ Comment Kimberly se sent-elle le lendemain ?

_____

2/ Quelle décision a-t-elle prise en ce qui concerne son retour à Los Angeles ?

_____

3/ Qui lui téléphone et interrompt sa matinée sur le balcon ?

_____

4/ À votre avis, pourquoi Kimberly ne décroche-t-elle pas tout de suite ?

_____

5/ Pourquoi Kimberly n'ose-t-elle pas dire qu'elle veut rentrer à Los Angeles ?

_____

Paragraphe 3 :

1/ Pourquoi Kimberly tousse-t-elle avant de parler à Madame Allgreen ?

_____

2/ Comment Kimberly lui décrit-elle son séjour ?

_____

3/ Pourquoi Madame Allgreen veut-elle que Kimberly reste encore à Paris ?

_____

4/ Quelle excuse Kimberly donne-t-elle pour éviter de rester à Paris ?

_____

5/ Qu'obtiendra Kimberly si les nouveaux clients la choisissent comme avocate ?

_____

B/ Traduisez les phrases suivantes :

1/ I'll work three more days before going on vacation. 2/ My sister forgot to pick up my medication. 3/ They went to Kashmir and brought back saffron and white tea. 4/ Marie's son left to study in Italy. 5/ Karen will take care of everything.

1/_____

2/_____

3/_____

4/_____

5/_____

C/ Entourez le mot qui n'a aucun lien avec les autres :

1/ velouté / rugueux / doux / moelleux / soyeux
2/ un désastre / une catastrophe / un cataclysme / une faillite / une réussite
3/ briser / ériger / casser / détruire / abolir
4/ une certitude / un cauchemar / un rêve / un songe / une illusion
5/ étourdi / distrait / concentré / inattentif / absent

D/ Entourez la bonne réponse :

1/ Marc n'arrive pas à dormir. Il pourrait prendre un _____ .
a/ thermomètre   b/ somnifère   c/ pansement   d/ antibiotique

2/ Rachida est malade. Elle éternue et _____ beaucoup.
a/ tousse   b/ s'amuse   c/ révise   d/ économise

3/ Jérôme a raté tous ses examens. Il ferait _____ d'étudier au lieu de jouer au foot.
a/ pire   b/ meilleur   c/ mieux   d/ mal

4/ Si on achète un produit défectueux, on a le _____ d'être remboursé.
a/ droite   b/ gauche   c/ droitier   d/ droit

5/ Quand le client est parti sans payer, le serveur a été pris de _____ .
a/ cours   b/ court   c/ courses   d/ courte

E/ Sujet de composition : Quelle situation serait pour vous un cauchemar ? Racontez. (Cinq phrases complètes minimum).

_____

_____

_____

_____

_____

_____

_____

_____

_____

_____

_____

_____

CHAPITRE 46

A/ Répondez aux questions suivantes par des phrases complètes :

Paragraphe 1 :

1/ Comment réagit Kimberly à l'idée de rester plus longtemps à Paris ?

_____

2/ Qu'apporte Rachida à Kimberly ?

_____

3/ Que fait Kimberly avec les fleurs qui surprend Rachida ?

_____

4/ Comment réagit Rachida ?

_____

5/ Selon Kimberly, qui aurait pu lui envoyer ces roses ?

_____

Paragraphe 2 :

1/ Que conseille Rachida à Kimberly ?

_____

2/ Que dit Rachida à Kimberly pour la persuader de lire ce qu'il y a sur la carte ?

_____

3/ Pourquoi utilise-t-on du papier de soie pour emballer les roses ?

_____

4/ Que pensez-vous du message que Marcel a écrit à Kimberly ?

_____

5/ Pourquoi Kimberly se sent-elle un peu coupable envers Marcel ?

_____

Paragraphe 3 :

1/ Quand Marcel est-il tombé amoureux de Kimberly ?

_____

2/ Comment Rachida a-t-elle su que Marcel était attiré par Kimberly ?

_____

3/ Pourquoi Kimberly n'avait-t-elle jamais remarqué qu'elle plaisait à Marcel ?

_____

4/ Pourquoi Rachida pense-t-elle que Kimberly est douée en français ?

_____

5/ Marcel est-il impatient de recevoir l'appel de Kimberly ? Pourquoi ?

_____

B/ Traduisez les phrases suivantes :

1/ Fatima is the most gifted student in the class. 2/ I'd like you to install shelves in my closet. 3/ Did you hear about the new American action movie? 4/ She always buys gifts online. 5/ Drinking hot tea with ginger and lemon is very healthy.

1/_____

2/_____

3/_____

4/_____

5/_____

C/ Trouvez deux mots qui font partie de la même catégorie :

1/ décacheter : _____

2/ la soie : _____

3/ un message : _____

4/ une rose : _____

5/ le cristal : _____

D/ Entourez la bonne réponse :

1/ N'oubliez pas d'_____ ces documents pour les distribuer pendant la réunion.
a/ ouvrir   b/ agrafer   c/ effacer   d/ allumer

2/ Nicolas n'ose pas regarder Marie. Je crois qu'il a un _____ pour elle.
a/ doute   b/ différent   c/ faible   d/ creux

3/ Amandine a accepté l'invitation de sa voisine qu'elle supporte mal avec_____ .
a/ gentillesse   b/ réticence   c/ joie   d/ reconnaissance

4/ Ce gâteau n'est plus bon. Il est préférable de le _____ à la poubelle
a/ lancer   b/ tirer   c/ transférer   d/ jeter

5/ Rachel adore sa tante. Elle est aux _____ pour elle.
a/ anges   b/ aguets   c/ petits soins   d/ égards

E/ Sujet de composition : Est-ce toujours une bonne idée de dire à quelqu'un qu'on est amoureux(se) d'elle ou de lui ? Expliquez. (Cinq phrases complètes minimum).

_____

_____

_____

_____

_____

_____

_____

_____

_____

_____

_____

CHAPITRE 47

A/ Répondez aux questions suivantes par des phrases complètes :

Paragraphe 1 :

1/ A quoi pense Kimberly pendant qu'elle boit son café crème ?

_____

2/ Pourquoi Kimberly a-t-elle besoin de courage maintenant ?

_____

3/ Comment décide-t-elle finalement de contacter Marcel ?

_____

4/ Que propose Kimberly à Marcel pour le remercier ?

_____

5/ Pourquoi Kimberly pense-t-elle qu'elle a été aveugle ?

_____

Paragraphe 2

1/ Comment savez-vous que Marcel est impatient d'aller déjeuner avec Kimberly ?

_____

2/ Que doit-elle faire pour se préparer ?

_____

3/ Comment Marcel voulait-il toujours faire plaisir à Kimberly ?

_____

4/ Quel cadeau Kimberly achète-t-elle à Marcel ?

_____

5/ Que demande-t-elle à la vendeuse pour que le cadeau soit encore plus beau ?

_____

Paragraphe 3 :

1/ Comment se sent Kimberly quand elle se retrouve assise dans la voiture ?

_____

2/ Quelle est la réaction de Marcel quand il ouvre son cadeau ?

_____

3/ Comment Kimberly justifie-t-elle le cadeau qu'elle fait à Marcel ?

_____

4/ En quel métal précieux est la montre ?

_____

5/ Où Kimberly et Marcel vont-il déjeuner ?

_____

B/ Traduisez les phrases suivantes :

1/ Alia feels so happy to be in love. 2/ The gift wrap on this box of chocolates is damaged. 3/ The baker is angry because all the pastries got burnt in the oven. 4/ This scholarship will allow me to study abroad. 5/ Client safety is our number one goal.

1/_____

2/_____

3/_____

4/_____

5/_____

C/ Reconstituez les mots suivants :

1/ L'occupation favorite des amateurs de littérature : RETECUL : _____

2/ Une action que l'on fait sans réfléchir : SETÊBI : _____

3/ Une matière souple pour faire des sacs : RUCI : _____

4/ Courir ou conduire très vite : CRONEF : _____

5/ La partie du bras entre la main et l'avant-bras : TONIPEG : _____

D/ Entourez la bonne réponse :

1/ Beaucoup de personnes trouvent Marcus froid, distant et _____ .
a/ généreux   b/ joyeux   c/ accueillant   d/ insensible

2/ Géraldine prend son courage à _____ pour annoncer la nouvelle à sa mère.
a/ deux mains   b/ deux pieds   c/ trois mains   d/ deux poignets

3/ Il faut _____ le petit garçon sur le balcon de se pencher car il risque de tomber.
a/ convaincre   b/ oublier   c/ empêcher   d/ expulser

4/ Cet examen est très difficile, mais une fois _____ , je le passerai.
a/ prête   b/ distraite   c/ hésitante   d/ partie

5/ Mon cousin conduit très mal. Il a eu des accidents à _____ reprises.
a/ nombreuses   b/ plusieurs   c/ des   d/ beaucoup

E/ Sujet de composition : Quels cadeaux avez-vous déjà faits pour remercier quelqu'un ? Pourquoi les avez-vous choisis ? (Cinq phrases complètes minimum).

_____

_____

_____

_____

_____

_____

_____

_____

_____

_____

_____

CHAPITRE 48

A/ Répondez aux questions suivantes par des phrases complètes :

Paragraphe 1 :

1/ Que pense Kimberly du restaurant ?

_____

2/ Quels traits physiques chez Marcel Kimberly remarque-t-elle cette fois-ci ?

_____

3/ Qu'apprend Kimberly sur la vie de Marcel ?

_____

4/ Pourquoi Marcel a-t-il dû rentrer en France ? Que faisait-il à l'étranger ?

_____

5/ Dans quelle région Marcel aime-t-il aller faire du bateau ?

_____

Paragraphe 2 :

1/ Pourquoi la Normandie est-elle célèbre ?

_____

2/ Quels sont les produits régionaux réputés de cette région ?

_____

3/ Que s'est-il passé à Arromanches-les-Bains ?

_____

4/ Quelle est la traduction de « D-Day » en français ?

_____

5/ Qui a sauvé l'arrière-grand-père de Kimberly ?

_____

Paragraphe 3 :

1/ Où l'arrière-grand-père de Marcel a-t-il récupéré des soldats américains ?

_____

2/ Quel moyen de transport a-t-il utilisé ?

_____

3/ Qu'y a-t-il dans le grenier qui pourrait aider à identifier l'ancêtre de Kimberly ?

_____

4/ À quel moment de nombreux soldats sont-ils morts pendant le débarquement ?

_____

5/ Qui peut renseigner Marcel sur le sauvetage des soldats américains ?

_____

B/ Traduisez les phrases suivantes :

1/ Carole must have gone skiing. 2/ The plot of this novel reminds me of a movie I saw yesterday. 3/ Their wedding ceremony took place last month. 4/ I'll find out what time the play starts. 5/ I'd prefer sitting at this table.

1/_____

2/_____

3/_____

4/_____

5/_____

C/ Trouvez la définition des mots suivants : a/ désuet b/ une barque c/ des marais d/ le grenier e/ un VTC :

1/ ___ : Des eaux peu profondes où l'on s'enlise. 2/ ____ : Un véhicule qui est conduit par un chauffeur. 3/ ___ : Un objet ou un endroit qui n'est plus à la mode. 4/ ___ : Le petit bateau favori des pêcheurs sur les rivières. 5/ ___ : L'endroit dans la maison où l'on garde des affaires que l'on n'utilise plus.

D/ Entourez la bonne réponse :

1/ L'escalade était difficile et nous n'avons pas pu _____ le sommet.
a/ atteindre   b/ rejoindre   c/ toucher   d/ prendre

2/ Le nom de ce joueur de football ? Attends, ça me _____ . C'est Martinez.
a/ retourne   b/ rappelle   c/ rassure   d/ revient

3/ Amira a de la chance. Elle a été sauvée de _____ avant la catastrophe.
a/ tristesse   b/ gentillesse   c/ justesse   d/ délicatesse

4/ Cette couleur de cheveux fait _____ son teint hâlé.
a/ bouillir   b/ ressortir   c/ éclater   d/ redoubler

5/ Ça _____ ! Idriss a obtenu un poste d'informaticien à Montréal. C'est génial !
a/ alors   b/ incroyable   c/ encore   d/ donc

E/ Sujet de composition : Donnez des exemples qui illustrent qu'une personne est aux petits soins pour une personne âgée. (Cinq phrases complètes minimum).

_____

_____

_____

_____

_____

_____

_____

_____

_____

_____

_____

_____

CHAPITRE 49

A/ Répondez aux questions suivantes par des phrases complètes :

Paragraphe 1 :

1/ Qu'est-ce qui interrompt la conversation entre Kimberly et Marcel ?

_____

2/ Que fait Kimberly qui trahit sa réaction de panique ?

_____

3/ Kimberly explique-t-elle à Marcel la raison de son départ précipité ? Pourquoi ?

_____

4/ Comment Marcel propose-t-il à Kimberly de l'aider ?

_____

5/ Comment Kimberly va-t-elle finalement se rendre à l'hôtel ?

_____

_____

Paragraphe 2 :

1/ Quelle réaction de Kimberly montre qu'elle est impatiente d'arriver à l'hôtel ?

_____

2/ Qui est-ce que Kimberly entrevoit dès qu'elle entre dans l'hôtel ?

_____

3/ De quoi Kimberly a-t-elle peur à ce moment-là ?

_____

4/ Qu'est-ce que Rachida veut à tout prix éviter ?

_____

5/ Que promet Kimberly à Rachida ?

_____

_____

Paragraphe 3 :

1/ Comment Kimberly se sent-elle avant d'aller parler à Charles-Henri et à Théo ?

_____

2/ Sur qui Kimberly peut-elle compter si la situation devient trop difficile ?

_____

3/ Comment réagissent Charles-Henri et Théo quand ils voient Kimberly ?

_____

4/ À quels animaux Kimberly compare-t-elle Charles-Henri et Théo ?

_____

5/ Pourquoi Kimberly est-elle inquiète quand les deux hommes se regardent ?

_____

B/ Traduisez les phrases suivantes :

1/ Please be assured that we will be on time. 2/ Sonia shouldn't get angry so often.
3/ Did they hear the bad news about their uncle? 4/ I can't stand this journalist because
he always interrupts his guests. 5/ The two brothers always get along very well.

1/_____

2/_____

3/_____

4/_____

5/_____

C/ Entourez le mot qui n'a aucun lien avec les autres :

1/ ingérable / difficile / accommodant / capricieux / excentrique
2/ captiver / se lasser / intéresser / fasciner / absorber
3/ des ennuis / des problèmes / des difficultés / des facilités / des obstacles
4/ furtivement / rapidement / lentement / brièvement / précipitamment
5/ des rivaux / des ennemis / des adversaires / des concurrents / des copains

D/ Entourez la bonne réponse :

1/ Samuel ? Je ne lui ai pas parlé, mais j'ai cru _____ dans le couloir.
a/ le décevoir   b/ le recevoir   c/ l'émouvoir   d/ l'entrevoir

2/ Il ne faut jamais sauter d'un train _____. C'est trop dangereux !
a/ en marche   b/ en escalier   c/ en escabeau   d/ en tabouret

3/ Les propriétaires viennent toujours à votre _____ quand vous arrivez chez eux.
a/ connaissance   b/ rencontre   c/ insu   d/ bon cœur

4/ Les personnalités politiques aiment toujours _____ des miracles à leurs électeurs.
a/ acheter   b/ récupérer   c/ promettre   d/ jeter

5/ Leur maison a brûlé en Californie. Ils doivent_____ de courage pour y faire face.
a/ s'attacher   b/ se rassurer   c/ se remplir   d/ s'armer

E/ Sujet de composition : Quel est votre film d'action ou d'aventures préféré ? Expliquez pourquoi. (Cinq phrases complètes minimum).

_____

_____

_____

_____

_____

_____

_____

_____

_____

_____

_____

_____

CHAPITRE 50

A/ Répondez aux questions suivantes par des phrases complètes :

Paragraphe 1 :

1/ Pourquoi Kimberly est-elle nerveuse quand les deux hommes se disputent ?

_____

2/ Qu'est-ce que Kimberly essaie de faire sans y parvenir ?

_____

3/ Quelle demande surprenante Charles-Henri avait-il faite à Kimberly ?

_____

4/ Que dit Théo à Kimberly au sujet de la femme qui était avec lui devant l'école ?

_____

5/ Que finit par ordonner Kimberly à Charles-Henri et à Théo ?

_____

Paragraphe 2 :

1/ Que fait Charles-Henri qui surprend Théo ?

_____

2/ Dans quelle position Charles-Henri se met-il pour parler à Kimberly ?

_____

3/ Comment Théo fait-il tomber Charles-Henri ?

_____

4/ Qui Rachida appelle-t-elle pour forcer les deux hommes à arrêter de se battre ?

_____

5/ Quelle est la réaction de Marcel ?

_____

Paragraphe 3 :

1/ Que fait Marcel pour séparer Charles-Henri et Théo ?

_____

2/ Comment les agents de sécurité s'occupent-ils de Charles-Henri et de Théo ?

_____

3/ Où Marcel rejoint-il Kimberly une fois l'incident terminé ?

_____

4/ Pourquoi Kimberly a-t-elle honte ?

_____

5/ Que fait Marcel pour consoler Kimberly ?

_____

B/ Traduisez les phrases suivantes :

1/ A drunk driver hit my father's car last night. 2/ This wonderful young woman's goal is to make her sister happy. 3/ It'll be Raymond's fault if we miss our train. 4/ The couple seated next to them argued all night. 5/ My mother was beside herself when she received the phone bill.

1/_____

2/_____

3/_____

4/_____

5/_____

C/ Trouvez la définition des mots suivants : a/ éclater de rire b/ hausser le ton c/ amortir d/ un bon à rien e/ des conneries

1/ __ : Un synonyme vulgaire du mot « bêtises ». 2/ ___ : Parler de plus en plus fort. 3/ __ : Freiner ou affaiblir un choc physique. 4/ __ : Une manière dédaigneuse de décrire une personne. 5/ ___ : Une réaction à quelque chose de comique.

D/ Entourez la bonne réponse :

1/ Jean-Marc se frotte les _____ de bonheur car il vient de gagner à la loterie.
a/ ongles   b/ mains   c/ doigts   d/ bras

2/ Pour demander sa fiancée en mariage, Laurent va se _____ à genoux.
a/ positionner   b/ placer   c/ ranger   d/ mettre

3/ Laetitia risque souvent de tomber car elle perd facilement _____.
a/ la coordination   b/ la position   c/ l'équilibre   d/ la balance

4/ Cécile se dirige vers son patron d'_____ décidé parce qu'elle veut lui parler.
a/ une marche   b/ un ton   c/ un pas   d/ une attitude

5/ Mon frère voulait payer l'addition mais mon père l' a _____.
a/ devancé   b/ doublé   c/ désavoué   d/ battu

E/ Sujet de composition : Donnez trois exemples d'actions qu'une personne jalouse peut faire. (Cinq phrases complètes minimum).

_____

_____

_____

_____

_____

_____

_____

_____

_____

_____

_____

CHAPITRE 51

A/ Répondez aux questions suivantes par des phrases complètes :

Paragraphe 1 :

1/ Vers quelle destination Marcel et Kimberly roulent-ils depuis une heure ?

_____

2/ À quelle route californienne Kimberly compare-t-elle le paysage normand ?

_____

3/ Pourquoi Kimberly remercie-t-elle Marcel ?

_____

4/ De quoi Kimberly n'est-elle pas fière ?

_____

5/ Qu'est-ce que Marcel aurait dû dire à Kimberly depuis longtemps ?

_____

Paragraphe 2 :

1/ Par où doit-on passer pour rejoindre la maison de la grand-mère de Marcel ?

_____

2/ Comment Marcel signale-t-il leur arrivée ?

_____

3/ Que pense Mamie Audrey de Kimberly dès qu'elle la voit ?

_____

4/ Où Mamie Audrey invite-t-elle Marcel et Kimberly à s'installer ? Pourquoi ?

_____

5/ Quelles spécialités culinaires Mamie Audrey leur a-t-elle préparées ?

_____

__Paragraphe 3 :__

1/ Quel digestif Mamie Audrey offre-t-elle à Kimberly et à Marcel ?

_____

2/ Quel effet ressent-on quand on boit du calvados ?

_____

3/ Pourquoi Kimberly ne boit-elle pas son verre ?

_____

4/ Qui sont les personnes sur la photo que leur montre Mamie Audrey ?

_____

5/ Où Mamie Audrey a-t-elle trouvé cette photo ?

_____

B/ Traduisez les phrases suivantes :

1/ Francis will pick us up in ten minutes. 2/ Your aunt always welcomes us warmly. 3/ The children should come back to have dinner. 4/ Amalia is convinced that her best friend will attend the party. 5/ The smoke from the barbecue makes my father cough.

1/_____

2/_____

3/_____

4/_____

5/_____

C/ Trouvez la définition des mots suivants : a/ les fesses b/ un chemin c/ la cheminée d/ humer e/ poussiéreux

1/ __ : État des meubles dans le grenier. 2/ __ : Vous pouvez y marcher dans la forêt. 3/ ___ : Inspirer doucement pour respirer une odeur. 4/__ : Elle chauffe une pièce avec du bois. 5/ __ : Elles vous permettent de vous asseoir confortablement.

D/ Entourez la bonne réponse :

1/ Valérie a pris de la vitamine C. Depuis, elle _____ beaucoup mieux.
a/ se sent   b/ respire   c/ renifle   d/ hume

2/ La serrure de cette porte est trop _____ . Nous n'arriverons pas à l'ouvrir.
a/ neuve   b/ brillante   c/ rouillée   d/ odorante

3/ Lionel a réussi tous ses examens et ses parents sont très _____ de lui.
a/ fiers   b/ fatigués   c/ soucieux   d/ méfiants

4/ Sofia est généreuse et ne garde pas assez d'argent pour elle. C'est sa _____ .
a/ mollesse   b/ maladresse   c/ paresse   d/ faiblesse

5/ J'adore les vieilles maisons de ce village irlandais. Elles sont très _____ .
a/ insalubres   b/ modernes   c/ pittoresques   d/ affreuses

E/ Sujet de composition : Avez-vous un endroit favori où vous aimez vous ressourcer quand vous êtes fatigué ? (Cinq phrases complètes minimum).

_____

_____

_____

_____

_____

_____

_____

_____

_____

_____

_____

_____

CHAPITRE 52

A/ Répondez aux questions suivantes par des phrases complètes :

Paragraphe 1 :

1/ Pourquoi Kimberly est-elle déçue quand elle lit le nom au dos de la photo ?

_____

2/ Qu'est-ce que Kimberly va peut-être devoir accepter ?

_____

3/ Où Marcel lui suggère-t-il de l'emmener le lendemain ?

_____

4/ Où Kimberly garde-t-elle une photo de la montre de son arrière-grand-père ?

_____

5/ Quelle est la réaction de Mamie Audrey quand elle voit la photo de la montre ?

_____

Paragraphe 2 :

1/ Que pose Mamie Audrey sur la table devant Kimberly ?

_____

2/ Quel objet Kimberly découvre-t-elle ?

_____

3/ Quel indice permet d'authentifier l'objet ?

_____

4/ Combien de soldats américains l'arrière-grand-père de Marcel a-t-il sauvés ?

_____

5/ Que fait Kimberly qui montre qu'elle est extrêmement émue ?

_____

Paragraphe 3 :

1/ À quel livre célèbre Marcel associe-t-il l'histoire incroyable de Kimberly ?

_____

2/ Quelle est la deuxième raison pour laquelle Kimberly est heureuse ?

_____

3/ Depuis quand Kimberly s'intéresse-t-elle autant à la France ?

_____

4/ Selon Mamie Audrey, qui a favorisé la rencontre de Kimberly et de Marcel ?

_____

5/ À qui et à quoi Mamie Audrey, Kimberly et Marcel portent-ils un toast ?

_____

B/ Traduisez les phrases suivantes :

1/ We're so happy that our nephew came to visit us. 2/ Medical research gives hope to patients all over the world. 3/ The bank finally agreed to give us a loan. 4/ You need to fill up the gas tank. 5/ Don't be afraid of our dogs. They're very friendly.

1/ _____ .

2/ _____ .

3/ _____ .

4/ _____ .

5/ _____ .

C/ Entourez le mot qui n'a aucun lien avec les autres :

1/ desserrer / visser / relâcher / défaire / décacheter
2/ mince / maigre / svelte / grassouillet / squelettique
3/ graver / écrire / effacer / imprimer / sculpter
4/ se résigner / combattre / accepter / agréer / consentir
5/ désirer / craindre / redouter / avoir peur / appréhender

D/ Entourez la bonne réponse :

1/ Célébrons la victoire de notre champion et _____ un toast en son honneur !
a/ soyons   b/ prenons   c/ ramassons   d/ portons

2/ Pour être_____ , aimez et protégez les personnes qui vous sont chères.
a/ malheureux   b/ heureux   c/ débarrassé   d/ guéri

3/ Odile ouvre le panier du bout des _____ car elle ne sait pas ce qu'il y a dedans.
a/ pieds   b/ orteils   c/ doigts   d/ ongles

4/ Kimberly est _____ qu'elle trouvera le grand amour à Paris.
a/ blasée   b/ dégoûtée   c/ exténuée   d/ persuadée

5/ Tu devrais _____ cadeau de tes vieux livres à la bibliothèque.
a/ prendre   b/ donner   c/ faire   d/ offrir

E/ Sujet de composition : Est-il important de connaître l'histoire mondiale ?
Expliquez pourquoi ? (Cinq phrases complètes minimum).

_____

_____

_____

_____

_____

_____

_____

_____

_____

_____

_____

_____

Made in the USA
Las Vegas, NV
02 September 2021

29510587R00090